芳央

「持ってる人」が持っている共通点

あの人はなぜ奇跡を何度も起こせるのか

GS
幻冬舎新書
214

はじめに　「持ってる人」が日本を変える

「持ってる」という言葉がにわかに脚光を浴びています。

数年前から、若い人を中心に、とび抜けて高い評価が与えられる人で、かつ、ここ一番で成果を出せる人に対して「持ってる」という言葉が使われるようになってきました。

「あいつ、〝持ってる〟な」といった具合です。

不思議なことに、このとき、〝何を〟持っているかについては一切言及されません。

いったい何を持ってるの？　なんてことは誰も聞きませんし（というより、「何を」については暗黙のうちにわかっている、という空気ですよね)、そもそも、「何を」が頭につかない「持ってる」こそが、最近流行《はや》りの「持ってる」なのです。

「持つ」という言葉は昔からある言葉なのに、この特殊なニュアンスを含んだ言い回しが会話のなかで使われるようになったのは、いったいどういうことなのでしょうか。

この「持ってる」という言い方がメジャーになったきっかけは、2010年夏のサッカーFIFAワールドカップ南アフリカ大会ではないでしょうか。日本代表の本田圭佑選手は初戦のカメルーン戦で先制かつ決勝点となったゴールを決め、日本中を沸かせました。

試合後、本田選手がインタビューに答えて言ったのがこんな言葉でした。

「昨日も誕生日でしたし、まあ持ってるな、ということで」

さらに数カ月後、2006年に高校野球の夏の甲子園大会で熱投を繰り広げた斎藤佑樹投手がこの言葉の象徴的存在となります。

早大野球部の主将として再びメディアの熱いまなざしを浴びるようになった斎藤投手は、早大を大学日本一に輝かせるなど、まさに「持ってる」という言葉にふさわしい活躍を見せました。六大学リーグで優勝した折、斎藤投手はこんな言葉を残しています。「『斎藤は何かを持ってる』と言われてきました。今日、何を持っているのか確信しました。それは仲間です」

いずれも、テレビで見て記憶に残っている人が多いのではないでしょうか。「持ってる」という言葉はこの2人の活躍と共に広く知れ渡り、「2010ユーキャン新語・流行語大賞」では「選考委員特別賞」を受賞しています。

そのほかにも、サッカー日本代表で活躍し、イタリアの名門リーグ・セリエAの強豪チームであるインテル・ミラノに移籍した長友佑都選手も、そのチャンスを逃さずチームに貢献する勝負強さから「持ってる」と言われています。

また、前出した3人とスケールは違うのですが、身近でも使われるようになってきましたね。何かが上手《うま》くいったときに「俺、持ってるわ」、友人が成功したときに「あいつ、持ってたな」などです。

さて、そろそろ考えてみましょう。「持ってる」とは、いったい何を持っていることなのでしょうか。

非凡な才能？　強運？　それとも何かほかの別のものなのか。あるいは、そのすべてなのでしょうか。

冒頭でも触れたように、「持ってる」という言葉は、それが何を指しているかわからないにもかかわらず、なぜだか私たちの心をとらえて離しません。

私は企業の組織変革や、人材の活性化をお手伝いする（株）リンクアンドモチベーションの代表を務めています。これまで様々な企業のコンサルテーションを行い、「モチベーションエンジニアリング」という独自の技術を開発し、ビジネスシーンに活用してきました。

様々なビジネスパーソンとおつきあいしてきた私の目から見ても、確かに「持ってる人」たちは輝いています。そして、彼らがなぜ、あれほどまでに活躍し、人々の注目を集めているのかに強い関心を覚えました。

会社はもちろん、この社会全体を構成しているのは「人」です。私たちは大勢の人たちと出会い、関わって生きていますが、そのなかで「持ってる」と感じさせてくれる人はそれほど多くはないのではないでしょうか。

いったい、「持ってる人」と「持ってない人」は何が違うのか。「持ってる人」は何を持っているのか。そして、私たちが自らの意思や努力で「持ってる人」になることはできるのでしょうか。

長く景気が低迷し、史上最悪の就職難とまで言われるいま、「持ってる人」に注目が集まるのは、彼らが持っているものが、私たちの閉塞状況を打破してくれる可能性を秘めているからではないか、と私は思っています。しかも、私が本書を執筆していたとき――2011年3月には、未曾有《みぞう》の大震災が起こりました。被災された方のお気持ちを思うと、そして日本の今後を思うと、言葉を失い、気持ちもふさぎました。でも、こんなときこそ「持ってる人」が現れて日本を導いてくれるのかもしれません。

「持ってる人」とはいったい何者なのか。

これから、彼らが「持ってる」ものの秘密に迫っていきたいと思います。どうぞ、最後までおつきあいください。

「持ってる人」が持っている共通点／目次

第二章 「持ってない」人になってしまうカラクリ 43

構成　タカザワケンジ
図版作成　ホリウチミホ

第一章 「持ってる人」が世間を賑わせている

４人の歴代「持ってる人」

「日経ビジネスオンライン」２０１０年11月30日にこんな記事が掲載されました。

「スポーツ選手はよく『持ってる』って言うけど何を『持ってる』の？」

この記事によれば、「俺、持ってる」という表現の仕方をしたのは、これまでに４人いるそうです。

１人目が、元プロ野球選手の新庄剛志選手。阪神タイガースを振り出しにメジャーリーグを経験し、最後は、北海道に本拠地を移したばかりの日本ハムファイターズに在籍し、球団を大いに盛り上げた選手です。新庄選手は２００６年、現役引退の年に、通算10回目のゴールデングラブ賞を受賞。球団を通して発表したコメントのなかで「引退の年にゴールデングラブに選ばれるなんて〝持ってる〟わ」という表現を用いたことが注目を集めました。

２人目はメジャーリーグで大活躍中のイチロー選手です。２００９年のワールド・ベースボール・クラシック（ＷＢＣ）を覚えているでしょうか。予選ではサムライジャパンがまさかの苦戦。イチロー選手自身も、打撃が大不振に見舞われていました。そんな状況のなかでも苦しみながら勝ち進んだサムライジャパンは決勝戦へ進出し、その大舞台で好敵手の韓国と戦うことになります。

3対3で延長戦に入った10回表。ここで一打が出れば勝ち越せるという大事な場面で、打順が回ってきたのがイチロー選手でした。大会の前半では決して好調とはいえなかったイチロー選手ですが、尻上がりに調子を上げ、二死、二・三塁というこの打席でも見事にセンター前に打ち返しました。2点を奪い、それが決勝点となり優勝しました。

このとき、イチロー選手は試合後、会見で記者たちに「俺は〝持って〟ますね、やっぱり」と答えました。

3人目はサッカーの本田圭佑選手です。2010年の6月、FIFAワールドカップ南アフリカ大会。予選リーグの第1戦となった対カメルーン戦で、本田選手は先制かつ決勝点となるゴールを決めました。

本田選手は試合後のインタビューで「昨日も誕生日でしたし、まあ〝持ってる〟な、ということで」と答え、この発言から「持ってる」という言葉が話題になり、2010

年度の新語・流行語大賞に「持ってる」がノミネートされるきっかけにもなりました。

「持っているものは仲間です」

4人目は六大学リーグで活躍し、今春からプロ野球の北海道日本ハムファイターズに入団した斎藤佑樹選手です。開幕後も、初登板、第2戦と勝利をおさめ、まさに「持ってる」といえます。

斎藤選手は、高校時代に早稲田実業学校のエースピッチャーとして活躍。3年の夏には、甲子園大会で決勝に進出し、駒澤大学附属苫小牧高校のエース、田中将大選手と熾《し》烈《れつ》な投げ合いを繰り広げ、全国的な注目を集めました。延長15回でも決着はつかず、翌日に再試合が行われます。斎藤選手はその日で4連投になるにもかかわらず自ら志願して先発し、優勝をもぎ取りました。しかも、この1試合だけで13奪三振。さらに、最後の打者となったライバルの田中将大を三振に切ってとるという劇的な幕切れ。これには、野球ファンのみならず興奮させられたはずです。加えて、早稲田実業学校にとっても、夏の甲子園大会での優勝は創部以来初めてというおまけ付きでした。

斎藤選手は早稲田大学に進学し、エースとして六大学リーグでも活躍します。2010年、斎藤選手にとって最後の秋季リーグ戦でしたが、これは同時に、早稲田大学にとっては50年ぶりの〝早慶〟によるリーグ優勝決定戦でした。斎藤選手はその因縁の対決に先発し、8回までノーヒットの好投を見せ、早稲田の優勝に大きく貢献します。

この試合後のインタビューで、斎藤選手は「『斎藤は何かを持っている』と言われてきました。今日、何を持っているのか確信しました。それは仲間です」と答えています。

10代の頃から「持ってる」と言われ続け、おそらく、そのことでプレッシャーを感じたり、悩んだこともあったであろう斎藤選手が、自ら「持ってる」という言葉を使ったことも驚きでしたが、そこでさらにユーモアを交えながら「〝持ってる〟のは仲間だった」と結論づけてみせたのは見事でした。斎藤選手のこの言葉は、「持ってる」ということの核心に近づくうえでとても重要だと思います。ぜひ、この言葉を覚えておいていただきたいと思います。

ちなみに斎藤選手は、続く第41回明治神宮野球大会・大学の部でも全試合に登板し、早稲田を初優勝に導きました。また、偶然にも、斎藤選手は早稲田大学の野球部創部以来100人目の主将でもありました。

あの人気者が、元祖「持ってる人」!?

以上に挙げた4人のほかにも、私が「持ってる」と感じるアスリートがいます。少し時代をさかのぼりますが、ここで、3人の「持ってる」アスリートを紹介したいと思います。

1人目は長嶋茂雄さんです。巨人の黄金時代を作り上げた選手として、さらにその後は監督として、常に注目を浴び続けてきた長嶋さんですが、彼が「持ってる」ことを天下に知らしめたのは、1959年6月25日に後楽園球場で行われた対阪神戦でした。

まず、この試合は普通の試合ではありませんでした。天皇陛下がご覧になる「天覧試合」だったのです。この試合で、長嶋さんは阪神のエース、村山実さんから見事なサヨナラホームランを打ちます。しかも、21時15分で天皇陛下は球場を後にする予定だったと言われています。長嶋さんがホームランを打ったのは、9回裏、21時10分を回ったところでした。ほんのわずかな時間を残して、長嶋さんが打った打球が観客席に突き刺さるさまを天皇陛下にお見せすることができたという運の強さでした。

この当時は「持ってる」という言葉こそありませんでしたが、長嶋さんはいざというときに期待に応《こた》えてくれるスーパースターでした。ホームランの数や打率といった記録だけを見れば、長嶋さんより実績を残している選手はいるでしょう。にもかかわらず、ミスター・ジャイアンツと呼ばれ、日本プロ野球界を代表するスーパースター選手として活躍したのは、めっぽうチャンスに強い「持ってる」選手だったからにほかなりません。

大勢の記憶に残る「大逆転」

さらにもう一人、懐かしいプロ野球選手の名前を挙げましょう。江夏豊さんです。若い頃から剛速球でならし、1960〜70年代の阪神を引っ張ったエースでした。その後、変化球を主体とした技巧的なピッチングへと移行し、いくつかの球団を渡り歩きながら、リリーフを専門とする「ストッパー」の元祖的存在になりました。

そして、江夏さんの名がいまだに語り継がれているのは、ノンフィクションライターの故・山際淳司さんが書いた傑作ノンフィクション「江夏の21球」にも書かれた、ある試合でのピッチングが印象的だったからでしょう。

1979年の日本シリーズでのことです。江夏さんは広島東洋カープの「抑えの切札」としてシリーズに臨んでいました。対戦相手は大阪近鉄バファローズです。

お互い一歩も譲らず、3勝3敗で迎えた第7戦。4対3、1点リードで迎えた9回裏が伝説の舞台になりました。

江夏さんは7回から登板していましたが、この最終回で、ヒットと盗塁、エラーによって、無死《ノーアウト》三塁のピンチを招きます。そこからまず、四球《フォアボール》と敬遠で無死満塁を作りました。一打逆転でサヨナラ負けとなってしまう。日本一の座を近鉄に譲り渡してしまうかもしれないという瀬戸際です。しかし、ここから江夏さんは、スクイズ失敗をはさんで、2人の打者を続けて三振に切ってとり、見事に勝利したのです。広島にとって球団創設以来の悲願だった初の日本一を達成しました。まさに「江夏、〝持ってる〟な」と言いたくなるエピソードです。

さらに、付け加えておけば、江夏さんは剛速球投手だった1971年のオールスター戦で打者9人を連続三振に打ちとるという離れ業《わざ》も披露しています。オールスター戦で投手に与えられた3イニングスの打者全員を三振させるというこの記録は、現在まで並ぶ者はいません。

元祖「持ってる人」の3人目として私がぜひ挙げたいのは、スキージャンプ競技の選手です。1998年の長野オリンピックを覚えているでしょうか。ラージヒル団体で、日本は1本目で原田雅彦選手がミスジャンプ。順位を大きく後退させました。

しかし、原田選手は、2本目で137メートルという大ジャンプを飛びました。日本中が固唾《かたず》をのんで注目していた瞬間でした。1本目を大失敗しながら、2本目で期待以上の飛距離をたたき出した原田選手は「持ってる」と言っていいと思います。

あなたの身近にもいる!?

「持ってる」と言われるトップアスリートたちの華々しい活躍をここまで見てきましたが、「持ってる」人は遠い世界の住人だとは私は決して思いません。彼らのように時代を象徴するまばゆい人々がいる一方で、身近に目を向ければ、小さなことであっても、確実に「持ってる」人たちがそこここにいるはずです。

「はじめに」でも少し触れましたが、身近な人のことを指して、「あいつ〝持ってる〟からな」という使い方をしたことのある方も多いのではないでしょうか。または、自分が何かをして上手くいったときに、「俺、〝持ってる〟わ」なんて言ったことがある人もいるでしょう。「持ってる」という言葉が、私たちの生活のなかでも実感を持って使われているのは間違いありません。

そこで、これから、私たちの周りにいる「持ってる人」たちの例を検討してみたいと思います。ここでは、「持ってる」といっても、冒頭で挙げたスポーツ選手みたいなスーパーマン的なものではなく、「持ってるもの」のスケールは小さくなりますが、もっと広く考えて、冗談交じりでも「〝持ってる〟なあ」と言われそうな例を集めてみました。

もしかすると、これらのエピソードのなかに、あなた自身の経験も含まれているかもしれません。ここから、「持ってる」と私たちが感じるのはなぜなのかについて、考えを深めるヒントにしたいと思います。これを見ていくことで、「持ってる」とは何かを理解するステップとします。

ピンチをチャンスにつなげる

●担当になった途端、大ピンチ！　それを解決してヒーローになる人

ピンチに陥った！　それは、普通で考えれば、「持ってない人」です。ところが、ピンチの場で、人を魅了し、説得し、安心させ、問題を解決できる人がいます。紛れもない「持ってる人」です。

プラスとマイナスの量は同じ——という法則が人生にはあると思います。苦しいことを経験した人ほど、大きな喜びを得られる。失敗の数が多い人ほど、成功の仕方を知っている。地味な作業をした人ほど、華やかな賞賛を得られる。……それから考えれば、プラスマイナスの振れ幅の大きな人ほど、得られる成果は大きいと言えるでしょう。

大きなピンチほど、乗り越えれば周囲からの評価が各段に上がります。困難なものであればあるほど、多くの人が避けるもの。それに正面から向き合える人は、「持ってる人」ではないでしょうか。

補欠でも、常にスタンバイする意識でいる

●補欠（アシスタント）だったのに、本番に出るチャンスを得て、きっちり成果を出す人

この人は、言うまでもなく「補欠だから」「アシスタントだから」という意識で、日頃過ごしていなかった人でしょう。常日頃から、本番で出場するレギュラーメンバーのつもりで準備していなければ、いざ活躍の場面をもらっても、そこで成果を出すのは難しいことです。「いざ本番！」でのチャンスや成果は、その日突然降りてきたものではなく、日頃の努力や練習があるからこそ。そして、そこで集中して成果を出せれば次につながります。

ちなみに、ビギナーズラックという言葉があります。初めてチャンスを与えられたときというのは、何物にもとらわれない精神状態なので、集中力が増し、感度がよくなっているのでしょう。

この人が、真の「持ってる人」になるには、この成果を一度で終わらせず、活躍を続けていくことです。

志を高く持ち、あきらめない

●記念受験で受けた上位校に合格してしまう人

模試で出た結果では合格判定からはほど遠かったけれど、記念受験のつもりで受けたあこがれの大学に受かってしまった。──誰でもそんな人が、身近に一人や二人いるのではないでしょうか。

運がよかった、たまたまだろう、で済ませてしまいそうなエピソードですが、「試験」というたった一度の判定はまさに「勝負」。時の運があったとはいえ、勝利したのには理由があるはずです。

まず、目標設定を上位校においたという時点で、志が高かったのでしょう。加えて、ダメもとと言いながらも、最後まであきらめずに勉強したのではないでしょうか。模試の合否判定では芳しい結果が得られなくても、最後まで志望校を下方修正することがなかったことも結果につながったのだと思います。

とくに現役学生の場合、試験直前まで気を抜かずに勉強すれば、模試を受けた時点よりも学力が伸びている可能性は大いにあります。

受験は自分自身との闘いです。誰かに勝とうとするものではありません。だからこそ、ごまかしがきかないとも言えます。最後まであきらめず、ぎりぎりまで努力したことが運を引き込んだと私は思います。私はその人を「持ってる人」と呼びたいと思います。

●初めて挨拶に行った会社から取引を持ちかけられて、売り上げを伸ばす人「縁」を作り出すのは事前準備

初対面ですぐに新たな売り上げが立つなんていうことは、ビジネスの世界ではめったにないことです。ですから、表題にあるようなラッキーは、一つには、先方がちょうど商品導入を考えていたタイミングと営業に行ったタイミングが、たまたま重なった、という運のよさがあったのでしょう。

だからといって、ただ単にこれを「運がよかった」だけで片づけるわけにはいきません。いまどき、ご用聞きのような営業マンにホイホイとお金を出してくれる会社はめったにないからです。とくに昨今は、インターネットで検索すれば、いくらでも同様のサービスを行っている会社が見つかります。何社かに声をかけて、見積もりを取ることとな

ど苦もないことです。

それでも、挨拶に行っただけで取引を決めてくるような〝伝説の営業マン〟は、確かにいるのです。だとすれば、たまたま挨拶に訪れたその営業マンが売り上げを伸ばした理由は何だったのでしょうか。

私も会社経営者として営業の訪問を受ける機会がありますが、そのときにまず見るのは、その人が当社のことをどれくらい知っているかということです。事前に調べてあるとわかれば、好感度は上がります。個人の関係に置き換えても、自分のことをよく知っている人との会話は弾むものですよね。

実際のところ、リサーチをすれば、その過程で、その会社と自分自身の間の接点、すなわち「縁」を見つけられることもあるでしょう。「縁」が即、取引につながるかどうかは別にして、営業を受ける側のガードがそれでゆるくなることは十分に考えられます。伝説の営業マンと言われる人の多くは、そうした事前の準備を万全にしているものです。

初対面にもかかわらず、短い時間で相手の警戒心を解き、信頼関係を作り出すことができる人。その人は「持ってる人」だと思います。

チャンスを逃さない

●それまで上手くいってなかった関係を、引き継いだ途端に改善する人

前項と少し似ていますが、それまで、そのクライアントとの関係があまり上手くいっていなかったのに、その人に引き継いだ途端に成約するなどして、仕事が上手くいく人というのがいます。

間違いなく、それは「持ってる人」と言えるでしょう。

といってももちろん、その人は、ただ引きが強い、というわけではなく、努力をしているはずです。それは、前項「初めて挨拶に行った会社から〜」と同様です。

まず、引き継ぎで相手先と最初に会う場というのは、非常に重要なポイントであることを忘れてはいけません。それまで、その相手との関係が上手くいってなかったということは、前の担当者と相性が悪かったのか、印象がよくなかったのだろう、ということはすぐに想像がつきます。そんなとき、引き継ぎで新担当者が登場するというのは、イメージを転換するチャンスでもあります。このとき、第一印象が非常に重要です。第一印象がいいと、次の面会につながりますし、さらに、前の担当者がしなかったことを積

極的にしていくことで、プラスのイメージに変えていける幅がたくさんあります。それがわかっている人は「持ってる人」になれるのです。

「紹介する力」「紹介される力」

●成果につながるいい案件を、年中、紹介してもらっている人

人を紹介することには責任がともないます。信頼できない人を安易に紹介してトラブルでも起これば、紹介した人の信頼も損なわれてしまいます。ですから、いい案件ほど、「確実に信頼できる好人物」に紹介したくなりますよね。そう考えると、「いい内容の紹介をしてもらってばかりいる」という人は、ただ運がよいとか、引きが強い、というのではなく、その人自身に魅力があると言えます。

ある人を紹介したことで双方にメリットがあれば、紹介者の株も上がるというもの。つまり紹介者は、いい紹介をすればするほど、自分の株を上げていくことになります。紹介者自身の評価が高まるわけです。こう見ると、「紹介上手」な人は、自らを「持ってる人」へと押し上げている人だと言えるのではないでしょうか。

このように、「紹介」で成果が出たときには、「紹介する」側も「紹介される」側も、いずれも「持ってる」と言っていいと思います。

ちなみに、いい案件を紹介してくれる人というのは、まず、その人自身に魅力があると思います。そのうえで、人と人とを出会わせるマッチングの才能もあるに違いありません。「その人の紹介なら間違いない」と信頼できる人は、間違いなく「持ってる人」です。

夢や目標を語る人に、幸せが集まる仕組み

●先輩の紹介で転職した会社が上場し、大金持ちになった人

こんな人がいたら、うらやましくて「いいなあ、持ってるなあ」と言いたくなる人もいるでしょう。

この「先輩」が、この人に会社を紹介したとき、「こいつは転職したほうがきっと実力を発揮できるに違いない」――そんなふうに見ていたに違いありません。実力はあっても、環境によっては本領を発揮できないこともあります。そんなこの人を「惜しい」

と思ってくれる先輩がいて、この会社に入ったらもっと伸び伸び仕事ができるだろうと思える会社を紹介してくれたというのが、このエピソードの裏にある物語です。

先輩が実力を見込んで、将来性のある会社への転職をすすめてくれるということは、実に幸せなことです。しかし、その幸運は、ただ偶然転がり込んできたものではなく、本人が日頃からこの先輩に夢や目標を語っていたからに違いありません。明確なビジョンが描けていたからこそ、先輩もこの人を紹介したというわけです。

〝夢や目標、成功への意志は、強い伝染力を持っている〟と、私はかつて自著のなかで書いたことがあります。夢や目標を持っていると公言している人には、その人を助けたいと考える人が自然と集まっていくものなのです。そして、夢や目標を語る人は、周囲の人を勇気づけます。

類は友を呼ぶといいますが、しっかりした仕事ができる人の周りには、同じように真《しん》摯《し》に仕事に取り組む人が集まるものです。この人の紹介なら信頼できるだろう、そう思われる「縁」を取り結んでいけば、その結果もまたよいものになっていくでしょう。人と人との結びつきが、のちに大きな結果をもたらすことがあるのです。

こいつならやれる、と思わせる人は「持ってる人」です。

「ありがとう」を心を込めて言える人

●よくものをもらう人

私の知人の女性はよくものをもらうそうです。小物やアクセサリー、お歳暮のお裾分けや、おいしいケーキ、ときには「使わないからどうぞ」と高価な食器まで。

一つには、彼女がちょっとしたプレゼントをとても喜んで受け取ってくれるキャラクターの持ち主だということが理由だと思います。その女性は笑顔がとても素敵な女性ですから。

しかし、それだけではなく、ふだんから、ちょっとした気遣いができるのも彼女の魅力です。相手の体調を気遣い、健康にいい品をお返しに選んだり、休暇の後には気のきいたお土産を買ってきたり。

万事につけ、人間関係がドライになっている昨今では、ものを贈ったり、お返ししたりということはわずらわしく、敬遠されがちになっています。時節の贈り物を控えるのが、最近の社会的風潮にもなっています。しかし、日常のなかでちょっとしたものをもらったり、あげたりということは誰にとっても心弾む出来事ではないでしょうか。仰々しい贈り物、型どおりの贈り物ではなく、軽い贈り物でも、相手のことを考えた気のきいた贈り物だったら、喜ばないわけがありません。

そして何より、彼女は、「ありがとう」を心を込めてちゃんと言える女性です。よくものをもらうという人は、そのリアクションとお返しも気がきいている。そしてお礼上手です。そんな人は「持ってる人」です。

玉の輿婚を作り出したのは、彼女が生んだ「縁」である

●見た目はフツーなのに、大会社の御曹司と結婚した女性

「大会社の御曹司《おんぞうし》との玉の輿《こし》婚」。なんて聞けば、新婦の打算を感じて反発を覚える人もいるかもしれません。でも、ここにも「持ってる人」のヒントが隠されていると思います。様々なケースがあるでしょうが、少なくとも、彼女の容姿に特筆するものがないとすれば、その女性の内面の魅力を認めた新郎がいるはずです。

恋愛指南書なら、「女磨き」こそが、理想の男性を射止める方法だと書かれているのでしょうが、ここでは違う側面から考えてみましょう。

結婚は当人同士の意思だけではなしえません。とすれば、その玉の輿婚も、二人の恋愛に加えて、周囲の後押しもあったはずなのです。

誰か一人が「彼女は魅力的だね」と言い出すと、さざなみのようにその評価が男性の間で広まり、その女性の魅力がワンランク、ツーランク上がって見えるということはよくあることです。彼女の魅力は周囲の友人たちも認めるものだったに違いありません。

また、「将を射んと欲すればまず馬を射よ」のたとえどおり、新郎のご両親からも、彼女の派手すぎず、かといって、暗くもない、ごく一般的な常識を身につけた堅実さが好ましいものとして受け入れられたのかもしれません。

いずれにせよ、結婚は周囲を巻き込んで初めて成就されるもの。理想の結婚を実現したその人は、周りを味方にした、「持ってる人」でしょう。

完璧な姿の裏にある密かな努力

●スポーツ万能だし、ギターも上手いし、女性にもモテるし、男同士の友情にもあつい。〝持ってるよなあ〟な人

こういう完璧に思える男性（あるいは女性）は、どの組織、どの学校にも一人くらいいますよね。そして、思春期はとくに「世の中は不公平にできてるなあ」などとため息をついたりするものです。しかし、大人になって振り返ってみると、当時とは少し違う見方ができることに気づきます。

思春期まっただなかのその当時は、天から与えられた二物、三物を上手に使いこなして、そのうえで他人にも気を遣えるという如才なさをまぶしく思っていたはずですが、大人の目から見れば、おそらく、彼（彼女）はそんなふうにのほほんと日々を送っていたわけではないと思えるのです。

スポーツの才能があったとしても、それを発揮するには普通以上の練習が必要でしょうし、本番での集中力もとび抜けていたでしょう。楽器をマスターするにも練習時間は欠かせません。女性にも男性にも好かれるということは、周囲に対して心を砕いていたという証拠です。自然に振る舞っているように見えたかもしれませんが、無意識か意識

的にかはともかく、彼（彼女）が努力の人であったことは間違いありません。

大人になるということは、そうした人間の舞台裏まで見えてくることです。そんなわけで、いまになってみると、彼（彼女）の不断の努力が、青春時代の彼（彼女）を輝かせていたんだなということに気づくのです。

非の打ちどころのない好人物の彼（彼女）は「持ってる人」に違いありません。

「単なるラッキー」と「持ってる」は、どこが違う？

以上、ここまで、有名アスリートと、一般の人たちの「持ってる」エピソードを見てきました。ここで一つ、素朴な疑問が浮かぶのではないでしょうか。

「『持ってる』ってラッキーとどこが違うの？」

確かに幸運をつかんでいることは「持ってる」ことの条件の一つのように思えます。

しかし、「持ってる」はツキがすべてではありません。一度きりのラッキーなら、どんな人でも、長い人生のなかで一度か二度は経験があるものでしょう。しかし、それだけでは「持ってる」とは表現しませんよね。三度、四度と結果が出たからこそ「持ってる」と形容されるはずなのです。そう、続けて結果を出してこその「持ってる」なのです。それを忘れてはいけません。

本書では「持ってる人」を単なる幸運の星のもとに生まれた人とはとらえていません。「持ってる人」はただ一度きりの〝棚ぼた〟で幸運をつかんだ人ではなく、幸運に助けられながらも（もちろん、運の存在は否定できません）、「ここぞ」という場面で大きな成果を三度、四度と重ねて出すことができる人たちのことです。それは、もう一度、冒頭でご紹介したアスリートたちのプロフィールをお読みいただければ、ご理解いただけると思います。それから、身近な「持ってる人」のなかにも、何度も幸運をつかみ、さらにそれを大きな成功へとつなげていく人がきっといるはずです。

では、彼ら「持ってる」人たちは、いったいどんな人たちなのでしょう。

そして、「持ってない」人たちとはどこが違うのでしょう。

次の章では「持ってる」人たちと正反対である「持ってない」人たちの行動を見ていきたいと思います。

第二章「持ってない」人になってしまうカラクリ

「モンスター〝持ってない人〟」に進化してしまった人たち

「持ってる人」がいる一方で、残念なことですが、その正反対の「持ってない人」が世の中にはたくさんいます。「自分は持ってないなあ」と自覚している人も少なからずいるでしょう。「持ってる人」にやっかみ半分の反発を感じてしまう人もいるに違いありません。

この章では、そんな「持ってない人」たちについて考えてみましょう。「持ってる人」のことを知りたいなら、その正反対のポジションにいる「持ってない人」とどこが違うのか、何が違うのかを検討してみることが有効だからです。

さっそくここに、「持ってない人」の、卑近かつトホホな例を挙げてみることにします。いずれも、「持ってない人」が、「持ってない状況」をさらに悪化させている例です。

「持ってない」だけなら普通の人かもしれませんが、「持ってない」をこじらせると、周囲に迷惑をかける「モンスター〝持ってない人〟」に進化してしまう場合もあるので、要注意です。そこにどんな悪循環が起きているのか。それぞれ、思わず入れてしまったツッコミと合わせて熟読玩味していただきたいと思います。

彼らはあなたの身近に必ずいます。それどころか、あなた自身にも当てはまる部分があるかもしれないのです。

また、どんなスーパーな人にも「持ってない」瞬間は存在することも追記します。

「〝引き〟が悪い」は、ただの言い訳

●責任者になった途端に起きたトラブルに「自分のせいじゃない!」と憤る人

「トラブルは誰にでも起きるもの!」と私は言いたい。

昇進したと喜んでいたのに突然大きなトラブルが起こり、その責任を負わされて、「あの人は引きが悪かったんだよ」なんて言われるケースは、意外に多くあります(もしかしたら、歴代の首相の顔が何人か、ふと思い浮かんだ人もいるかもしれませんね)。

でも、よく考えてみてください。そのトラブルが起こった瞬間は、多くの人から非難を浴びるかもしれませんが、その後、適切に対応して信頼を得たとき、その人は「引きの悪い人」という言い方をされるでしょうか?

それどころか、大きなトラブルほど、そのトラブルを乗り越えたことで、人格、責任感、仕事のやり方などを、評価されることになるものです。

ピンチはチャンスでもあるのです。

そもそも、トラブルというのは、誰にでも起きるもの。トラブルのまっただなかにいる人は、概して「自分が一番大変だ」「自分のせいじゃない」と思いがちです。でも、その責任者の下で、もっと苦しんでいる部下がいるかもしれませんし、それを被った相手方は、さらに苦しんでいるかもしれません。もっと大きなトラブルを身を削って必死におさめた人が、社内にいるかもしれません。決して「世の中で自分が一番大変」というわけではないと考えるべきです。

ですから、トラブルが起こったことを「引きが悪い」と言って、放り投げるような態度をとってしまったり、イラついて八つ当たりしてしまったりしたら、それこそ、あなたは「持ってない人」まっしぐら、です。

「持ってる人」は、これこそチャンス！　と、この危機を打破し、本人自身も組織も大きな成長をし、堅固な信頼を得ていくことができる人です。そこまでいければ、今度は逆に、何かあれば「助けてあげる」という人が出てきます。持ってる人は、ますます「持ってる」道を歩んでいけるのです。

また、このケースに似ていますが、「自分が責任者の立場から降りたら、途端にそのチームがみるみる成果を挙げた」なんていう経験もあるでしょう。確かに、そういう人は「持ってない」と言えるかもしれません。同じメンバーなのに、自分がいなくなった途端に成果が挙がるとしたら、それはその人のリーダーシップが足りなかったと言えるかもしれません。

ただ、もしかしたら、その人がひたすら地味に種まきしていたものが、その人がいなくなったと同時に〝芽吹いた〟のかもしれません。ただ、そのとき、その人は「引きが悪かった」と思わず、「よかった」と喜びを表すのではないでしょうか。ですから、「よかった」と思える人は、間違っても「持ってない人」ではありませんので、覚えておいてください。

同じ能力があるはずなのに、差がつく

●脚光を浴びるライバルを見ながら「どうせ自分なんか…」と絶望の淵でクサる人

「クサってる時間がもったいないよ」と私は言いたい。

同じ部署で、同じように頑張って、数字で見れば同程度の働きをしたのに、同僚のほうが目立った成果を出して、みんなの賞賛を得て、評価される——という経験をした方もいるでしょう。そうなると、その同僚は「持ってる人」で、当人は「持ってない人」と思うかもしれません。

確かに、その同僚は「持ってる」と言われるだけの工夫と働きをしたのでしょう。

でもそこで、「自分は持ってないんだ……」と思って落ち込んだら、それこそ「持ってない人」へまっしぐらです。

まず、あなたは、自分と同程度の力のあるライバルがいることを喜ぶべきです。少なからずそのライバルを意識して、負けたくないと思い、これまで仕事してきたのではないでしょうか。だからこそ、その「優秀な同僚」と同程度の成果を、数字上、出すことができたのです。それに、そのライバルを見れば、「同じ力があれば、そこまで行ける

んだ」という希望も持てるはずなのです。もしくは、冷静に考えて、自分の向き・不向きを判断して、違う頑張り方を見出《みいだ》せるかもしれません。

その一度の嫉妬でクサってしまったら、それこそ「持ってない人」。

でも、これをバネに次の目標を描き、次の希望が持てたら、「持ってない人」から脱出できます。

自分は何もしないのに、他人の成功を妬む

●人の努力に見向きもせずに、陰口悪口の吹聴に邁進する人

「だから君は成功しないのだ！」と私は言いたい。

成功した人をうらやむ人はたくさんいます。確かにそれは、誰にとってもうらやましいことに違いありません。

でも、成功した人の重ねた努力に思いをはせることなく、それを妬んだら、「持ってない人」へ一直線です。そして大体、人の成功をひがんだり、妬んだりする人というのは「あの人は運がよかったんだ」とか「オイシイんだ」とか言ったりします。その人の

努力の部分は見たくないのでしょう。そう言う人に限って、なりふりかまわず努力する姿勢を持っていないくせに「自分はもっと認められていいはず！」と自己中心的にものごとを捉えているというのが、私の見解です。

少し違いますが、ネット上で、匿名で悪口を言うのも、「持ってない人」の典型。人の足を引っ張る時間があるなら自分の成長に時間を使え、と言いたいです。

こういうタイプの人たちは、大勢の人に同意を求めます。一緒になって「あいつはオイシイ。だから運よく成功したんだ」などと言いたいのです。でも、人を妬んだり、人の悪口ばかり言っている人ほど、自分が悪口を言われ、足を引っ張られることになったときに、ダメージを受ける傾向があります。悪口のマイナスの力を知っているからでしょう。そもそも、人の悪いところばかり見つけても、決して自分の糧《かて》にはなりません。

逆に、成功した人に心からの賞賛をする人がいますね。そういう人は、成功した人の努力した部分をちゃんと見ているものです。「成功のポイント」も見抜いているのでしょう。そういう人は、今度は、そのポイントを自分に生かしていけばいいわけで、「持ってる人」に近づいていけるのです。

さて、もっともっと瑣末で卑近な例も挙げてみましょう。

●テレビやパソコンの調子が悪いとバンバン叩く人

モノに当たる

「叩《たた》いても直るわけがない」と理性ではわかっているのに、一時の感情に支配されて叩いてしまっている人がいますね。

「余計壊れるで！」と私は言いたい。

昭和の時代ならよかったのかもしれません。昔のブラウン管のテレビなら、配線の接触不良が画面の乱れを起こしているという原始的な故障もなくはなかったでしょうから。

しかし、いまは平成。テレビは液晶やプラズマのデジタル家電。パソコンは言うまでもなくデリケートな精密機械。叩いていいことは何もありません。

ひょっとすると「電化製品は叩けば直る」といういにしえの教えを守ったまま21世紀を生きることのシンドさが、この人のイライラを募らせているのかもしれません。もはや感情のコントロールはきかず、子供の頃の成功体験だけが頭に残っている状態なのでしょうか。このままでは「持ってない」状態は改善されそうにありません。

困難な状況を予測しようとしない

●渋滞に巻き込まれた車列でクラクションを鳴らしまくる人

「余計イライラするやろ！」と私は言いたい。

そもそも渋滞に巻き込まれてしまった時点で、悲しいかな「持ってない」のです。

現代において、渋滞を経験したことのない人なんていません。誰でも経験するものなのです。ですが、あらかじめ渋滞情報を調べておいて、どの道をどの時間帯に通ると比較的空《す》いているかを考えてから出発するくらいのことはできますよね。イライラしがちな人が、渋滞するのがわかっていて巻き込まれたとしたら、それは自分で自分をイラつかせているようなものです。言うまでもなく、渋滞しているということは、そこにいる人すべてが、その渋滞に巻き込まれているということです。そこにいるすべての人がイライラしているかといえば、そんなことはありません。落ち着いてそこにいる人から見れば、イライラするほど疲弊するのに、と思うでしょう。

同じことは人生でも言えるでしょう。にっちもさっちもいかなくなった段階で「どうしよう」と思って腹を立てても後の祭りです。できるなら、そうなる以前に危険を予測しておくことが重要なのです。どうしても避けられないことがあったとしたら、それでイライラしても何も生まないことを理解し、穏やかな気持ちを持ち、脱出策を考えるほうが効率的です。

渋滞でイライラしてクラクションを鳴らしまくるような「持ってない人」は、人生でも、どうにもならない状況に追い込まれがちかもしれません。お気をつけて。

イライラを行動で表現してしまう

●急いでいるときに、エレベーターの昇降ボタンを連打する人

「突き指するぞ！」と私は言いたい。

昇降に忙しいエレベーターに、強い意思をアピールするぞと意気込んでいるかのごとくボタンを押しまくる人がいます。同じように信号機の歩行者専用ボタンを何度も押す

人がいますが、こういう人は、「機械には何度も意思を伝えなければならない」、あるいは「何度も意思を伝えれば、機械は早く仕事をしてくれる」という特殊な世界観でもあるのでしょうか。

冷静になれば誰でもわかることですが、残念ながら、何度も押したからといって早くエレベーターが来るわけではないし、信号が早く青になるわけではありません。むしろそのイライラ感がなかなか思いどおりにならないという気持ちをあおり立て、「持ってない」感を増幅させてしまうことでしょう。

「急いでいるのに」「早く来い！」「タイミングが悪いな」。そんな心のつぶやきはまさに「持ってない人」のもの。落ち着いて、冷静になってください。呼び出しボタンは1回で十分です。

自分で言ったことに責任を持てない

●「おまかせ」で完成したヘアスタイルが気に入らず、「どうしてくれるんですか」と美容師に詰め寄る人

「〝おまかせ〟って言うたやん!」と私は言いたい。

この人は、そもそも「おまかせ」と言った自分の一言に責任を〝持ってない〟人です。途中で判断して、髪型の修正を注文することもできたはずですが、それも怠っていますね。

もしかすると、この人は、髪型を変えることでもっと素敵な自分が現れると期待しすぎていたのかもしれません。だとしたら、自分自身に対する客観的な判断ができなくなっているのではないでしょうか。

過度な期待は必ず裏切られます。そして、自分が言った言葉を自分で裏切れば、しっぺ返しがやってきます。納得がいかないという感情をむき出しにしたところで、いまさら切った髪の毛が元に戻るわけではないのです。髪型に納得がいかなかったのは、「美容師が外れだった。ついてない」のではなく、この人が「持ってない人」だからなのです。

筋が違う主張を押しつける

●メタボの責任を取れ！ と、毎晩飲んでいるビールのメーカー相手にクレームをつける人

「完全な筋違いやろ！」と私は言いたい。

米国では、ファストフード店で出された熱いコーヒーをこぼしたことに対して、企業側の責任を問う訴訟が起き、企業が損害賠償の和解に応じるという事件がありましたから、ビール腹になったのをビール会社のせいにする人が現れるのも、ありえないことではないのかもしれません。

しかし、自己責任を認めず、相手のせいにばかりするという考え方は、果たして人を幸福にするでしょうか。健康被害をもたらすかもしれない可能性について企業が情報を開示することは社会的責任の範囲内ですが、それ以上の責任を問うことが妥当だとは思えません。むしろ、そうまでして他者に責任をかぶせようとするエゴに哀れみさえ感じてしまいます。

また、製造者責任をむやみに追及する筋違いなユーザーが増えることは、結果として

社会的コストを上げて、消費者に返ってくるという結果にもなるのです。常識的に考えてありえない訴えを通そうとする人は、「持ってない人」と言えるでしょう。

過去を断ち切れない

●フラれたのに、相手をあきらめきれずストーカーになってしまう人

「次行け、次！」と私は言いたい。

終わってしまったことをいつまでも忘れられず、執着を捨てられない。相手につきまとい、迷惑をかける――こうしたストーカー被害が社会的な問題となって久しいですが、どうしてそのような人が現れるのでしょうか。

おそらく、二人が上手くいっていた頃のイメージを反芻《はんすう》し、相手とまたやり直せるという都合のいい幻想を抱《いだ》いているのでしょう。しかし、そうした精神構造そのものが、相手を自分から遠ざけていると気づいていないのです。その客観性のなさは「持ってない」をこじらせているとしか言いようがないと思います。

そもそも、次の恋愛を始めるというチャンスを、自ら捨てているようなものです。未

来へ目を向ければ、可能性は無限に広がっています。過去は過去として忘れるべきなのです。

“もったいない”が災いする

●長く効果が見られないのに、もったいないから、とエステ通いをやめられない人

「無駄遣いを上乗せしてるだけやで！」と私は言いたい。

ここまで頑張ってきたのだから、もう少しで効果が出るかもしれない。そんな思いで、もう少し、もう少しと結論を先延ばしにしてしまう人です。

いままでかけてきたお金と時間を無駄にはしたくないという気持ちはわかります。しかし、残念ながら、その考え方は視野が狭いと言わざるをえないでしょう。

ここで必要なのは、自分が受けているサービスといったん距離を取って、冷静に効果を検討することでしょう。一つのやり方にこだわって客観性を失うと、そこには「持ってない」状況が泥沼のように続くだけです。いま受けているエステを客観的に評価するためにも、一度、別の方法を試して比較検討すべきです。

いまやっていることのほかに、効果がありそうな方法を探しましょう。もしくは、自分自身の生活習慣のなかに、エステの効果を減じているものがあるのかもしれません。いま一度、自分の生活を振り返ってみる必要があります。

●努力しないで文句ばかり言っている いまの自分にこの仕事は向いていない、とフテくされている人

「辞めるか、努力するか、どっちかに決めろ！」と私は言いたい。

その仕事に向いているか向いていないかは、そんなに簡単に決められるものでしょうか。そもそも、向いているか向いていないかを本人が判断できるのかどうかも怪しいものです。

厳しい言い方をすれば「その仕事に向いていたかどうか」は、やってみたうえでの結果論にすぎません。この人は、結論を出す前に、その仕事に全エネルギーを打ち込んでみたのでしょうか。もし、そこまで頑張ったうえで、別の仕事を希望するなら納得がいきます。それに、ある仕事に全力で打ち込んだ経験は、希望する仕事においても生きて

くるはずです。

「いまの仕事は自分に向いていない」という人に、長くその仕事をやってきた人はいないはずです。この言葉は、その仕事に打ち込んだこともなければ、向き合ったこともないから出てくる言葉なのです。こういう言い方をする人は、仕事に対するイメージも曖《あい》昧《まい》で、ただ単に、いま自分が置かれている状況に不満があるだけとしか言えません。

私は、起業する以前に勤めていた会社で、長く人事畑を歩いてきました。以来、いまに至るまで、入社してきた社員から「なぜ私がこの部署に配属されたのか、理由が知りたい」と聞かれることがよくあります。自分の適性をどう判断したのかを知りたい、ということでしょう。

ですが、当時もいまも、私は人事において、適性にはあまり重きをおいていません。最初の仕事は、どんな仕事であれ、まず全力でやってみなければ、その人の本当の適性などわからないと思うからです。ですから「私の適性は？」なんて尋ねる人は、「持ってる人」にはほど遠いと言えます。

自分を変える気がない

●友だちが親身になってアドバイスしてくれているのに、「私って、そういうことできない人なの」と受け入れない人

「だったら、そのままでいれば！」と私は言いたい。

アドバイスを受け入れ、自分を変えようとできない人です。この人は、自分を完成した一つの型にはめてしまっています。

しかし、人間は、常に環境との相互作用のなかで、自分を作りかえていきながら、自己を完成させていくものなのです。「自分は変わらない」「そういうことはできない」と思い込んでいたら、永遠に成長はできないでしょう。

それから、「私って」「俺って」という言い方をすることを、やめたほうがいいと思います。「私って」「俺って」という言葉によって、自分に陶酔し、自分のすべてを許す傾向があります。誰と話していても、この言葉で自分の話に持っていく人を、あなたも周りで見たことがあるのではないでしょうか？　他者とのコミュニケーションができない人に、この言葉遣いをする人が多いので、「私って」「俺って」から卒業することをおす

すめします。

やや脱線しましたが、友だちがせっかくしてくれたアドバイスを受け入れないかたくなさは、やがて、周囲の人たちを遠ざける原因にもなってしまいます。聞く耳を持たない人に、成長の芽も、人から愛される可能性もありません。なんとも「持ってない」状況ではないでしょうか。

上手くいかない原因を相手に求める

●営業成績が上がらない理由を「客がバカだから」と言い放つ人

「バカはどっちだ？」と私は言いたい。

こういうことを言う人は、営業成績が上がらない理由を顧客に求めるという精神構造そのものが、成績が上がらない理由である——ということに気づいていません。

自分の問題を棚に上げて、相手に理由を見つけようとするのは簡単です。自分を絶対安全な場所に置き、他者を批判するのですから。しかし、周囲から見て実に見苦しい姿です。

おそらく、こうした言葉を吐く人は、自分が営業としてふがいない成績しか上げられないことにうんざりしているのでしょう。顧客を陰でバカにすることで優位に立ち、ちっぽけなプライドを満足させているのかもしれません。自分自身が幸福でないからこそ、相手を貶《おとし》めるのです。

そして、当然のことながら、そんなふうに他者を低く見ることでかろうじて保ったプライドなど、営業成績が上がらないという現実の前には何の役にも立ちません。結果的に営業成績はさらに落ち込み、やがて言い訳も許されなくなるでしょう。「持ってない人」はそうなって初めて、自分が「持ってなかった」ことに気づくのです。残酷な結末です。

言っていることとやっていることが食い違う

●ダイエット番組を見ながらお菓子をむさぼる人

「余計太るやろ！」と私は言いたい。

おそらく、こうした人は、お菓子をつまみながらテレビを見ることが習慣になっているのでしょう。痩せるための番組を見ながらお菓子をパクパク食べているなんて、矛盾もいいところです。

テレビを見ながらお菓子を食べるという習慣をなくさない限り、この人が願っている「ダイエット」は実現しないでしょう。

では、習慣を変えるにはどうすればいいのでしょうか。まず、無意識でやっていることを意識の表面まで持ち上げることから始める必要があります。ベストセラーになった岡田斗司夫さんの『いつまでもデブと思うなよ』（新潮新書）で紹介されていたレコーディング・ダイエットは、何を食べているかを意識化させるための方法でした。無意識のままの行動を直視せず、なんとなく日々を送っているとしたら、いつまでも痩せられません。それどころか、一事が万事、その人はほかの面でも「持ってない人」になっているかもしれません。

怒鳴っても仕方ないことがわからない

●朝、ゴミ捨て場で鳴くカラスに向かって、ベランダから「うるさいわ!」と叫ぶ人

「アンタのほうがうるさいわ！」と私は言いたい。

確かに、近くで聞くカラスの鳴き声はびっくりするほど大きいし、ゾッとするほど不快だと感じる人もいるでしょう。しかし、だからといって、怒鳴れば退散するほど、カラスは聞き分けのいい鳥ではありません。頭のいいカラスのことですから、人間が血迷って騒いでいることを面白がって、もっと大声で鳴くかもしれません。

実際のところ、ご近所にとっては、カラスよりも、この人のほうがよっぽどうるさいし、迷惑でしょう。しかし、ご本人は、自分がカラスによって迷惑しているということしか見えていないというのであれば、いかにも「持ってない人」です。

大穴狙いに走ってしまう

●競馬に行き負け続けた日の最終レースでさらに傷を深くする人

「いいカモやで！」と私は言いたい。

ここまでのレースでの負けを取り返したくて、大穴に有り金を注ぎ込む——。競馬がお好きな方なら、そんな経験の一度や二度はあるかもしれません。実際、最終レースは多くの人たちが熱くなって、その日一日の失敗を取り戻したいと一発逆転を狙うため、大穴に賭ける人が多いのです。

しかし、そこで大勢の人たちと同じ行動を取ることに意味はあるでしょうか？　ほかの人たちの行動に影響されて、ふらふらと大穴に賭けてしまっては「持ってない」結果が待ち受けています。

ここで冷静になり、大穴に賭ける人たちとは逆の行動に出てみるという手はどうでしょうか。大穴が人気になれば大穴のオッズは下がり、それにつられて本命のオッズはじわじわと上がるものです。

ここは一つ、大穴狙いはやめて、堅実に本命を狙いましょう。大逆転とまではいかないでしょうが、わずかでもなくしたお金を取り戻せれば、気持ちよく競馬場を後にできるはずです。

失敗から学ぼうとしない

●同じ失敗を何度もすることを指摘すると、「クセだから」と言う人

「…………」。言葉が出ません。

失敗から学んで、自分を変えていくことは成長の第一歩です。「クセだから」と自分を総括していたら、何度も同じ失敗を繰り返すことになるでしょう。

しかも、自分だけが傷つくならいいですが、仕事であれば、同僚や上司、ひいては会社をも巻き込みかねません。プライベートなことであったら、家族や友人、恋人を傷つける結果になるかもしれないのです。その結果、ひとりぼっちになってしまう可能性だってあります。「持ってない人」はツキに見放されるだけでなく、周囲の人間関係も壊してしまうのです。

柔道の金メダリスト、谷亮子選手はあるインタビューで「銀メダルは学ぶことが多いからいい。負けた試合からは学ぶことがたくさんあります」と答えていました。失敗から学ぶことはたくさんあります。そして、失敗から学んだことが将来の成功に結びついたとき、その失敗は〝失敗〟ではなくなり、〝成功のための過程で受けた試練〟になるのです。

自己中心的で他者のことが考えられない

●「なんでウチの娘が主役じゃないの!?」と、幼稚園の先生にクレームをつけるモンスターペアレント

「自分さえよければええんか!?」と私は言いたい。

論理的に考えれば、全員が主役を演じることができるわけがありません。しかし、こうした発言をする人にとっては、自分の子が中心。主役に決まった子と自分の子のどこが違うのか？　同じではないか？　いや、ウチの子のほうがかわいい、という論理展開になってきます。

あくまで自分中心にものごとを考えるので、ほかの子のことなどどうでもいいと思っているのでしょう。極端に狭いものの見方と、すべてを自分たち中心に据える考え方、ほかの人たちへの想像力の欠如——この3つが重なると、世にも強力なモンスターペアレントが誕生します。

しかし、そのモンスター、表面上はともかく、水面下では周囲から嫌われているものと決まっています。自己中心的にものごとを考えるあまり、周囲の人たちがだんだん近

寄らなくなり、孤独を嚙みしめなければならないことになります。親である自分だけならまだいいのです。娘さん本人が幼稚園で肩身の狭い思いをするようになるかもしれません。そうなったら、状況はますます悪化するでしょう。

そうなったとき、まさに「持ってない」ことの悲しみを感じるのではないでしょうか。

世の中の流れに流されやすい

●「このままじゃ日本の政治はダメだね」と言いながら、選挙に行かない人

「一票入れてから言え！」と私は言いたい。

政治の話題が出るとき、マスコミの政治批判の受け売りで「なんとなく」批判している人が多いように思います。

もしも、具体的に「この政策に反対だ」「この問題について議論してほしい」などの考えがあれば、投票に行かずにすませることはないでしょう。おそらく、口では政治を批判しても、実際には大して興味を持っていないのです。

自分の頭で考えない人は、そのときどきの空気に流されやすい傾向があります。そう

いう人は、国が目指す方向が大きく変わろうとするときに、どの流れにくみするべきか、選べるでしょうか。そうしたターニングポイントを迎えたときに、自分自身の判断ができない人は、実は意外と多いかもしれませんね。

この本の執筆中に東日本大震災が起こり、周囲で、政治家批判をする方も多々見ました。マスコミが報道するとおりのことを言う人が、思っていたより多いなあ、というのが私の印象でした。まさに日本の危機であるこのときに、自分で考える力、自分で選ぶ力がないというのは、たいへん恐ろしいことです。

空気や世論に流されるまま、自分の頭で考えない人は「持ってない人」に違いありません。そして、その「持ってなさ」が国を危機に陥れることも十分にありえます。

「持ってない人」はこんなタイプに分類される

以上、「持ってない人」たちの卑近な例をたくさん見ていただきましたが、いかがでしょうか。いずれも、できれば友だちになることを遠慮したい人たちばかりです。

「持ってない人」たちに共通するのは、幸せそうには見えないこと。ほとんどの「持ってない人」は、実は心の底では、その「持ってなさ」から抜け出したいと思っているのではないでしょうか。

そこで、次に考えてみたいのは、彼らが、なぜ「持ってない人」になってしまったのかということです。その理由を探るために、前項まで挙げたエピソードを、いくつかのタイプに分類し、彼らの行動原理を探ってみたいと思います。

1　私は悪くない！〈批判型〉

- 責任者になった途端に起きたトラブルに「自分のせいじゃない！」と憤る人
- 「おまかせ」で完成したヘアスタイルが気に入らず、「どうしてくれるんですか」と美容師に詰め寄る人
- メタボの責任を取れ！　と、毎晩飲んでいるビールのメーカー相手にクレームをつける人
- 営業成績が上がらない理由を「客がバカだから」と言い放つ人
- 「このままじゃ日本の政治はダメだね」と言いながら、選挙に行かない人

このタイプは、なんでも他人のせいにするクレーマー・タイプです。いまの仕事は向

いていない。自分は評価されていないと文句ばかりです。

彼らに共通するのは、自分を勘定に入れずに他人を評論、批判していることです。自分を取り巻く環境をよくするために自ら働きかけようとは思っていません。いつも誰かがやってくれると思っています。当事者意識がなく、通りすがりの人のような顔で一般論を言うだけです。

また、自分を勘定に入れないということは、自己の成長や自助努力に結びついていきません。したがって、現状の不満が好転することは考えづらいのです。

すると、見聞きするものに対して、一生、怒りや不満を持ち続けることになります。

これはもう「持ってない」どころか、「不幸」と言ってもいいのではないでしょうか。

2　感情に左右される〈激情型〉

●脚光を浴びるライバルを見ながら「どうせ自分なんか……」と絶望の淵でクサる人

●テレビやパソコンの調子が悪いとバンバン叩く人

●渋滞に巻き込まれた車列でクラクションを鳴らしまくる人

●急いでいるときに、エレベーターの昇降ボタンを連打する人
●朝、ゴミ捨て場で鳴くカラスに向かって、ベランダから「うるさいわ!」と叫ぶ人

このタイプは、感情のままに発言、行動してしまいます。そして、そのことによってさらに窮地に追い込まれてしまいます（一つめの「脚光を浴びる〜」の人は、感情にとらわれているという意味でここに入れます）。

感情をコントロールできず、感情にコントロールされてしまっている状態なので、つまらないことを言ったり、やったりして、自分をさらに窮地に追い込んでしまうのです。

悲しい、悔しい、寂しいという気持ちは、私たちの自然な感情です。そうした気持ちが湧き起こってくること自体は悪いことではないでしょう。しかし、そうした負の感情と上手くつきあう、負の感情をコントロールする術《すべ》を身につけないと、人間関係で孤立し、トラブルを抱えることになってしまいます。感情から少し距離を取って、冷静に判断することを心がけたほうがいいでしょう。

3　あきらめきれない〈過去執着型〉

- フラれたのに、相手をあきらめきれずストーカーになってしまう人
- 長く効果が見られないのに、もったいないから、とエステ通いをやめられない人
- 競馬に行き負け続けた日の最終レースでさらに傷を深くする人

このタイプは過去にこだわってしまい、失敗を繰り返してしまいます。過去に経験したいい思い出が忘れられず、その頃の自分に執着してしまう。ここには挙げませんでしたが、過去の出来事がトラウマになって前に進むことに臆病になっているタイプも含まれるでしょう。いずれも、過去にこだわることで、現在と未来を見る目が曇ってしまっています。

過去は執着するべきものではなく、現在から未来へとよりよく生きるための学びの材料として使うべきなのです。

過去はすでにここにはありません。すべて、時間の彼方《かなた》に去ってしまっています。ですから、「過去というすでにないもの」をどう解釈し、役立てていくかは、現在の「私」が決めるほかはないのです。過去をよりよい未来のために役立てることこそ「持ってる

人」の秘密を解く鍵なのです。

4　自分を中心に世界が回る〈天動説型〉

●人の努力に見向きもせずに、陰口悪口の吹聴に邁進する人
●いまの自分にこの仕事は向いていない、とフテくされている人
●「なんでウチの娘が主役じゃないの!?」と、幼稚園の先生にクレームをつけるモンスターペアレント

このタイプは、究極の自己チュー（自己中心）タイプです。モンスターペアレントのように、自分の思いどおりにならないと過剰に憤る。世界はあんたを中心に回ってない！　と心の中でツッコミを入れたくなります。

何事も自分を中心に考えてしまうこのタイプの人たちは、自分から何かをしようという気持ちがありません。自分はもっと評価されてもいい、自分はもっとできるはずだという気持ちでいっぱいです。しかし、自分中心にものごとを見たり、判断したりしている人と相容《あいい》れるのは難しいものです。

5　変化を拒む〈恐竜型〉

●友だちが親身になってアドバイスしてくれているのに、「私って、そういうことできない人なの」と受け入れない人
●ダイエット番組を見ながらお菓子をむさぼる人
●同じ失敗を何度もすることを指摘すると、「クセだから」と言う人

変わる気がないのに、なぜか他人に相談するのがこのタイプです。にもかかわらず変わる気がないから、言い訳を繰り返すことになります。環境の変化に対応することができず、巨体を持てあまして滅んでしまった恐竜のようです。しかし、意外とご本人にその自覚はありません。一見、マイペースな人に見えますが、その実体は、いまの自分を甘やかしているだけです。ですから、こういう人とは、表面上のつきあいならともかく、本気でつきあうのは厄介です。自然と、人が周りから離れていくでしょう。

このタイプの人たちは「このままのあなたでいいのよ」と言ってほしいのかもしれません。しかし、それでは人生をよりよい方向へと向かせることが難しいのもまた事実で

す。

「持ってない」とは、よりよい未来を作っていく意欲を「持ってない」のと同じなのです。

第三章 「持ってる人」は

ものごとを分けて考えている

「持ってない人」から「持ってる人」になれるのか？

ここまで、「持ってる人」と「持ってない人」の発言と行動を分析してきました。「持ってる人」は一見、ラッキーなだけに見えますが、実は、繰り返し成功を手に入れる努力ができている人でした。

一方、「持ってない人」は、ツキがない、アンラッキーな自分を嘆いているようですが、実はその原因はご本人にある、ということがおわかりいただけたと思います。

では、「持ってない人」が「持ってる人」になることは可能なのでしょうか。あるいは、「持ってる」と「持ってない」の間にいる、〝ごく普通の人〟にとって、「持ってる人」から学べるのはどんなことなのでしょうか。

この章では、「持ってる人」の発言に再び注目し、彼らの行動原理を分析してみたいと思います。「持ってる人」は何を考え、どう行動しているのでしょうか。どうやら「持ってる人」の特徴と「持ってない人」の特徴は、３つの観点「他人」「感情」「過去」への向き合い方において、ちょうど正反対のようです。そのあたりがわかれば、誰でも「持ってる人」になれる可能性が見えてくるのではないでしょうか。

再び彼らの発言を引きながら見ていきましょう。

「持ってる人」ほど、他人にとらわれない

2011年1月11日の日本経済新聞（電子版）に掲載されていた言葉を引用します。

「あまり意識はしていません。まずは自分がプロの舞台でどう活躍するかが問題です」

「持ってる人」の言葉を広めるきっかけとなった4人のうちの1人、斎藤佑樹選手の言葉です。甲子園大会で熱闘を繰り広げたライバル、田中将大選手を意識しているか、という問いかけに対する発言です。

第一章でもご紹介したとおり、斎藤選手はアマチュア時代からたいへん注目を集めていました。とくに、甲子園大会で投げ合ったマー君こと東北楽天ゴールデンイーグルスの田中将大選手が一足早くプロへ進み、大活躍したことと比較され、ことあるごとにコメントを求められてきたはずです。

しかし、斎藤選手は田中選手のことを「あまり意識はしていません」と答えています。

それよりも自分自身がプロ野球の世界で活躍できるかどうかが問題だ、と語っています。

斎藤選手にとって、田中選手を意識したところで、できることが変わるわけではないということでしょう。田中選手がどれほど活躍しようとも、その活躍を阻止できるわけでもなければ、その活躍に対してどんな感情を持とうとも、それが自分自身のプレーにいい影響を与えるわけではありません。斎藤選手はそのことをよくわかったうえで、それよりもむしろ、自分に何ができるかを考えることに集中しているのです。

*

次は、演技を前にしたインタビューでの、フィギュアスケートの浅田真央選手の言葉です。

「自分の演技をパーフェクトにできればいいなと思っています」

2010年、バンクーバー・オリンピック。キム・ヨナ選手との対決を前にした言葉です。

会見で、浅田選手は、一切、キム・ヨナ選手の名前を出しませんでした。自分では変えられないこと——この場合はライバルのキム・ヨナ選手の存在——に恐れをなしたり、ライバルが調子いいと聞いて不安感を持つのではなく、自分自身のベストを目指していることがわかります。

ライバルのことを気にしてもしょうがない。自分自身の演技に集中しようという浅田選手の意識のありようがうかがえます。

＊

次は、ゴルフの石川遼選手の言葉です。２００９年1月27日の「マスターズ」出場会見について書かれた記事で、ゴルフダイジェスト・オンラインに掲載されていました。

「出場選手のなかで僕がいちばん劣っていると思うけれど、気負わずにとにかく自分の持っているものを出し切ることに集中したい」

初めてマスターズに出場が決まった記者会見で、石川選手はこう語っています。

マスターズといえば、世界中から選ばれた、すごい実力の持ち主ばかりが参加する大会です。そのなかで、石川選手は初出場でした。17歳6カ月というのは史上2番目の年少記録であり、この年の最年少の出場者でした。ですから、「僕がいちばん劣っていると思う」という言葉はごく自然な発言でしょう。しかし、そうした認識に立ったうえで

「自分の持っているものを出し切る」と言い切っているところが石川選手らしいところです。

残念ながら、この年の大会では予選落ちしてしまいましたが、いずれ、石川選手がこの大舞台に帰ってくることは大いに期待できるでしょう（本書執筆中に、石川選手は三度目の挑戦で20位という好成績を残しました）。

＊

『未来をかえる　イチロー262のNextメッセージ』に掲載された、野球のイチロー選手の言葉を引用しましょう。

「世間の持っている〝イチロー（のイメージ）〟に追いつきたいと思うことをやめた。やめたらすごくラクになりました。イチローの仮面を脱ぎました」

２００６年初頭、日米で数々の大記録を成し遂げてきたイチロー選手はこんな言葉を残しているのです。

他人からの目線や、こうであってほしいという他人からの押しつけを遮断した途端にラクになった、という発言だと受け取ることができます。周囲を意識することなく、自分自身のプレーに集中することで、より自分らしいプレーができるようになったということでしょう。イチロー選手ほどのプレーヤーがそう考えていることは驚くべきことだと思います。それほど、他者を意識から遮断するのは難しいということでもあるでしょう。

＊

ここに挙げた４人はみな、他人にとらわれていません。ライバルや周囲の人々のことを考えても仕方がないとわかっているのでしょう。そして、ほかの人のことを考えないように意識をセルフコントロールしていることがうかがえます。

「他人にとらわれる」と、成功が遠のく

「他人にとらわれない」という「持ってる人」の考え方を、ビジネスシーンに当てはめて考えてみましょう。

お客様に新しい提案をする場合、自社のみの提案ではなく、他社との競合になる、いわゆるコンペになることが多いと思います。

そういうとき、競合はどこの会社か、その会社はどんな内容で提案するのかといったことが気になってしょうがない、というのはよくあることでしょう。競合他社の情報がないと不安だ、という気持ちは理解できます。しかし、その不安にとらわれていて、プラスになるでしょうか。

本来、重要なのは「自分たちはどうやって顧客の抱えている問題を解決するか」であるはずです。その提案をどう顧客に示せば受け入れてもらえるか、それこそが大きなテーマであるはずです。

顧客にとって価値のある提案をすべきなのに、そのことに向き合わず、ライバルの存在、ライバルの考えにばかり心が奪われてしまっては、成功はおぼつきません。まさしく、こういう人は、「持ってない人」の思考に陥っています。

一方、「持ってる人」は、競合他社の動向を視野に入れつつも、そのことにはとらわれません。それよりも、顧客のニーズを深いところまで理解することに心血を注ぎ、そのニーズに応えられる提案をすることに全エネルギーを投入するでしょう。

もう一つ具体例を挙げましょう。

私の若い頃の実体験ですが、相談する先輩や上司によって、違うアドバイス、意見を言われて戸惑うことがありました。いろいろな人に相談した結果、意見がバラバラになって、どれに従えばいいかがわからなくなってしまうというのは、多くの人が経験することでしょう。

陸上競技でタイムが上がらない選手に対して、「もっと腕をよく振れ」「膝を上げて走れ」「背筋を伸ばせ」。……他人に言われたことにがんじがらめになって、身体《からだ》がぎくしゃくしてしまうのとよく似ています。いまは、自分が任されている仕事で最大限成果を出すことが目的なのに、その目的を忘れて、先輩たちの言葉に右往左往してしまう状態です。

こんなときは、自分で考えて成果を出すことが一番大事なことだ、と気づけば、先輩たちの言葉に惑わされることはなくなるはずです。といっても、決して、先輩や上司から言われたことを疎かにはしません。アドバイスは、自分自身の栄養なのですから。

「持ってる人」は、先輩や上司のアドバイス、さらには本で読んだことなども参考にしつつ、結果的にはそれらの助言を取り入れて、自分としてはこれだ、こうやってみようと自分の頭で考えて結論を出すのです。その結果、もし失敗したとしても、得るものがあるはずです。逆に、先輩から言われたとおりに、自分のなかで混乱したまま進行したら、何も得るものはないでしょう。

「持ってる人」は他人にとらわれません。常に、自分のやるべきことに集中しています。

「持ってる人」ほど、感情にとらわれない

他人のことを気にしないことも大変ですが、自分自身の内面の感情をコントロールすることはさらに大変です。なぜなら、他人の情報をシャットダウンすることはできても、自分自身から距離を取ることはできないからです。しかし、「持ってる人」たちは感情にとらわれないというセルフコントロールにも長《た》けています。

＊

日本経済新聞2011年2月21日朝刊に、フィギュアスケートの安藤美姫選手のこんな言葉が載っていました。

「気持ちがマイナスになればミスが出る。いまはコントロールできている。選手として

成長してきたと思う」

２０１１年2月の四大陸選手権で優勝したときのコメントです。この発言からは、身体能力や技術の向上と同じくらい感情のコントロールが大切だということがうかがえます。

安藤選手は、２００６年のトリノ・オリンピックで右足小指の骨折が完治していなかったというハンデに加えて、大舞台でミスを連発し、総合15位に終わってしまったという苦い経験を持っています。それだけに、メンタル面での成長が重要な課題だという認識があったに違いありません。

＊

「Ｎｅｗｓ23」での密着取材に答えた、会場に向かう車内でのボクシングの井岡一翔選手の言葉より。

「怖い気持ちもあるけれど、それを乗り越えてこその世界チャンピオンやろ」

最年少でチャンピオンになった井岡選手が、ミニマム級の世界王者挑戦の前に語った言葉です。気持ちを乗り越えていく。気持ちに屈しない、気持ちにとらわれないことを宣言しています。

＊

再び、野球のイチロー選手の言葉より。

「とにかく感情を抑えることにしました。自分が壊れると思いましたから」

2006年9月、連続200本安打を達成した際、どうやって自分を支えてきたか、という記者の質問に対しての発言です。イチロー選手ほどの身体能力と完璧な技術を持った選手にとっても、感情をコントロールすることが難しいことがわかります。

もう一つ、イチロー選手の言葉を引用しておきます。

「お客さんが少ないからモチベーションを落としてしまう。それは間違いです。自分たちで上げていかなくてはならない」

2007年9月、シーズンを終えた記者会見での発言です。気持ちをどう盛り上げていくか。それも感情をコントロールする方向性の一つです。感情に気を配りながら、ときには抑え、ときには盛り上げるイチロー選手の考え方がわかります。

＊

彼ら「持ってる人」に共通するのは、自分自身の恐れ、不安、焦りに支配されないようにしていることです。

怒りや不安など、「感情にとらわれる」と大事なチャンスを失う

大切なアポイントがあるにもかかわらず、乗っていたバスが渋滞に巻き込まれてしまった。そんなとき、あなたならどうしますか。

「持ってない人」は約束の時間に遅れそうなことで頭がいっぱいで、気が気ではなくなります。前を見たり、時計を見たり、ソワソワしたり。

しかし、「持ってる人」は落ち着いています。アポイントで話す内容を反芻して確認したり、約束の時間に遅れてしまったことを相手にどう詫《わ》びるかを考えます。そして、マイナスの印象をどうやったらプラスに転じられるかなど、頭のなかでシミュレーションしています。

渋滞でバスが動かなくなってしまった状況は変えられません。いくらイライラしたところで、事態は何も好転しないのです。せめて、遅れるかもしれないことをケータイで

連絡し、あとは遅れていった後のリカバリーを万全なものにするためにどうするかを考えるべきです。

ビジネスシーンだけでなく、日常でも、感情にとらわれていいことはありません。

毎年受けていた健康診断で、初めて「要精密検査」の結果が出たとしましょう。誰でも怖いし不安だと思います。採血されたり、尿検査を受けたり、胸に聴診器を当てられたりという検査を受けて、結果が出るのは1週間後。その間はとても不安です。

こうだったらどうしよう、もしかしたらあんな病気では、と悪いほうへと想像が膨らんでいきます。その結果、体調を崩す人も出てくると思います。感情にとらわれたがゆえに、自ら不健康な状態を作り出してしまったわけです。

でも、こんな場合、「持ってる人」は、少なくとも、精神的な理由で体調を崩したりはしないでしょう。1週間後に結果が出るまで、そのことは考えず、心のなかの別の場所に置いておくのです。なぜなら、何をどう考えたところで、検査結果が変わることはないからです。

「持ってる人」は、その1週間を、いまやるべきことのために集中して使い切るでしょう。しかし、「持ってない人」はやるべきことがあるにもかかわらず、不安感にとらわれて、目の前のことに手がつかなくなる。かえって不安を昂《こう》じさせ、ふさぎこんだり、体調まで崩してしまいます。

「不安」のほかに、コントロールするのが難しい感情として「怒り」があります。取引先の理不尽な要求や、一方的な約束の反故《ほご》、上司との衝突など、憤りを感じる場面を経験したことがない人などいないはずです。

しかし、不安と同様、怒りにのみ込まれていいことはありません。怒りが抑えきれず、大切な関係を壊してしまったり、信頼を失ってしまうことは、長い目で見ればやはり失敗だったと後悔することがほとんどでしょう。

「持ってる人」は、怒りをコントロールする術を持っています。不安と同様、どんなに怒り狂おうとも、怒りというのは事態を好転させることはありません。怒りは怒りとして自分なりに発散させておいて、相手にはぶつけず、あくまで冷静に問題を解決すべく努力したほうがよいのです。

私自身も怒りをコントロールすることを意識しています。私の場合は、日記に怒りや不安といった負の感情を書き込んで、自分と切り離すようにしています。どんな怒りもどんな不安も、文章にすることで客観視できるようになるのです。すると、その怒りも不安も根拠薄弱な、大したことではないように感じられてきます。

「持ってる人」は、自分の感情を客観的に見られる人なのではないでしょうか。だからこそ、自分の感情にとらわれずに、やるべきことに集中できるのです。

「持ってる人」ほど、過去にとらわれない

他人、感情に続く3つ目は「過去」です。

すでに起こってしまった出来事、やってしまったことは変えようがありません。過去もまた、自分では変えられないものの一つです。何しろ、起こってしまったことは取り返しがつかないのですから。

アスリートたちも、順風満帆な人ばかりではなく、挫折や試練を乗り越えてきた人がほとんどでしょう。では、彼らは過去に対してどのような向き合い方をしているのでしょうか。過去にとらわれないということにおいても、「持ってる人」は秀逸な言葉を持

っています。

＊

『最高の涙　宮里藍との一四〇六日』より、ゴルフの宮里藍選手の言葉を引用しましょう。

「細部にこだわるのは練習の場だけで、それを試合に持ち込んではいけない。いま、この瞬間に気持ちを集中してスウィングするだけ」

2008年、アメリカ・シーズン3年目の開幕時の発言です。これまで宮里選手はプレーの細部にこだわって、弱点を克服してきました。しかし、成績としてはいまひとつという状況でした。

練習のときにあれが上手くいかなかった、ここはまだ弱い、といった悪いイメージを引きずらないようにすることを言っているのでしょう。

ゴルフの場合は、女子プロで3日間の試合があります。初日のスコアが悪かったとしても、それを引きずったら、2日目、3日目で挽回することはできません。選手たちは初日が終わったところで気分を切り替えなければなりません。「スコアが悪かったですね」と言われたとしても、気持ちを切り替えて「明日、頑張ります」というほかはありません。

過去を切り捨て、いま、目の前、次へと目標をフォーカスすることが「過去にとらわれない」ことなのです。

＊

「WoW! Korea」に掲載された野球の李承燁《イ・スンヨプ》選手の言葉より。

「いまはすべてを忘れて、五輪に最善を尽くして必ずメダルを獲得します」

２００８年、ジャイアンツ在籍当時、李選手は怪我にさいなまれたうえに成績が伸び悩み、二軍に降格されてしまいます。しかし、韓国からのオファーでオリンピック代表選手に選ばれました。そのときの発言です。

李選手は思うように活躍できなかった挫折にとらわれることなく、北京オリンピックで活躍し、見事に金メダルを獲得しました。

李選手は、新しいミッションを得たときには、過去のプランも切り替えよ、ということをよく知っていたに違いありません。

野球の松井秀喜選手の言葉より。

「これまで自分の輝かしいものはすべて20世紀に置いてくる。21世紀はまたゼロからのスタートです」

2001年松井選手は、ジャイアンツの不動の四番打者として大活躍。様々な賞を受賞したときのインタビューに答えた発言です。

過去の栄光も含めて〝忘れる〟ことが「過去にとらわれない」ことです。そして、過去を忘れることで、いま目の前にあるものへと向かっていくことができるのです。

＊

「過去にとらわれる」と正しく先に進めない

過去にとらわれてはいけない。

それはアスリートに限った話ではなく、ビジネスシーンでも同じです。

顧客と3カ月という時間をかけて商談を積み重ね、大型契約の直前までこぎつけたとしましょう。しかし、たまたま、顧客の経営方針が変わった、あるいは、経営陣が入れ替わったことによって契約がご破算になったとしたらどうでしょう。どんな人でも、ショックを受けて落ち込むに違いありません。

「何だったんだろう、この3カ月。すべてムダだった」という虚脱感や、「あの会社は突然方針を変えやがって」というイラつくような怒りが生まれてくるのも、ごく自然なことです。

しかし、そのまま落ち込み続けてやる気を失ってしまったり、次の商談に集中力を欠いて向かってしまったらどうでしょう。落ち込むことが悪いのではなく、落ち込んだまま、前向きになれないことが問題なのです。

「持ってる人」も、失敗したときには、悔しい、もったいないと思うでしょうし、怒りも覚えるに違いありません。しかし、彼らはそこで気持ちを切り替えて、次の商談に集中できるのです。

過去は振り返らず、常に未来へと目を向けるということを、自分の意識のなかに刷り込んでおかないと、なかなか気持ちをマイナスからプラスに転換することはできないものです。

また、「本当は××会社に就職したかったんだ」、「○○業界に行きたかったんだ」……などと中年になってからも言っている人がいます。周囲の人たちは「いまさら言うなよ」と心のなかでツッコんでいることでしょう。気づいていないのは本人だけです。

彼自身に過去を振り返っているという自覚はあまりないかもしれません。しかし、彼がそのことを口にしている限りは、「持ってる人」の正反対の場所に居続けるしかないでしょう。

40代、50代になれば、これまで生きてきた時間のなかで繰り返してきた自己選択の積み重ねで人生がかたちづくられているものです。その積み重ねから目をそむけず、現実を直視することがまずは重要でしょう。しかし、その現実を言い訳にしてしまっては、いつまでも過去にとらわれ続けることになります。

親が貧しかったから大学へ進学できなかったという人とか、バブルの頃はよかったよなと昔を懐かしんでばかりいる人には、いつまでそんなこと言ってんねん！　というツッコミを入れておきましょう。

過去にとらわれると、就職活動も上手くいかない

就職活動も同じことです。

筆記試験を経て、面接やグループディスカッションを突破して、やがて最終面接に近づく頃には、その会社のことをとても好きになっているかもしれません。にもかかわらず、最終面接に落ちてしまうことがあります。

エントリーシートを書くことから最終面接まで費やしてきた時間を考えると、「だったら最初から落としてくれよ」と思ってしまうのも無理はありません。この2カ月、3カ月がムダになってしまった、と落ち込むことでしょう。

そんなとき、人事部に電話をかけてくる学生がいます。彼らは自分が落とされたことに納得がいかず、「なぜ、私は落ちてしまったんでしょうか」と聞いてきます。そこまではまだわかりますが、ここでねばる方がいるのです。しかし、当然のことながら、結果はくつがえりません。そこで彼がねばった30分、40分という時間は、ビジネスパーソンにとって貴重な時間です。その時間を、個人的な理由で奪ってしまった時点で、彼は「持ってない」と言っていいでしょう。

「持ってる人」なら、ここで、次の会社へと気持ちを切り替えることができるはずです。次のエントリーシート、次の会社説明会、次の面接、とやるべきことは山のようにあります。そこで、すばやく次の一歩を踏み出せるかどうかが、その人のその後の就職活動に大きな影響を与えるのは間違いないでしょう。

つまり、この失敗を冷静に分析して、次に生かすことを考えたほうが、ずっと生産的なのです。

自分の意思で変えられないのが、他人・感情・過去。3つの「とらわれない」

ここで、これまで見てきた「持ってる人」の条件をまとめてみましょう。

まず1つ目。「持ってる人」は他人にとらわれません。常に自分の状況をふまえ、自分には何ができるのかを考えているのです。

2つ目。「持ってる人」は感情にとらわれません。感情をコントロールして、思考や行動を変えていくことができます。

3つ目。「持ってる人」は過去にとらわれません。常に未来を向いて次にやるべきことに着手できます。

ここでまとめておきましょう。

「持ってる人」は、他人・感情・過去の3つにとらわれません。これら3つに共通しているのは、〝自分で自在に変えられないものだ〟という点です。変えられないものである限り、この3つのどれにこだわっても、残るのはストレスだけ。建設的な行動は起こせません。

「持ってる人」の初級段階は、まず、この変えることの困難な3つと適切な距離を保つことだと言えるでしょう。

例えば、「持ってる人」のこの行動原理をビジネスシーンに当てはめて考えてみましょう。

ある若者が上司との関係に悩んでいるとします。上司が横暴だ。話を聞いてくれない。仕事を任せてくれない。提案を受け入れてもらえない。ソリが合わない……。

どんな悩みでも同じです。そのとき、唯一はっきりとしているのは、〝上司（＝他人）は変えられない〟ということです。突発的な人事異動でもない限りは、しばらくは

変えられないもの		変えられるもの
他人	――	自分
感情	――	思考・行動
過去	――	未来

その上司とつきあっていかなければなりません。

ここで大切なのは、上司（＝他人）は変わらないという事実を認めることです。

上司（＝他人）は変わらない。とすれば、取るべき行動の選択肢は3つしかありません。

1、自分が変わることで上司と上手くやっていけるようにする。2、異動願いを出してあとはひたすらじっと耐え続ける。3、思い切って転職する。以上です。

立ち止まって愚痴を言っていても、「持ってる人」からかけ離れていくばかりです。

変えられないものにストレスを感じても仕方がないのです。「変えられないもの」を、一度、自分から切り離す。意識の外に置くことが、「持ってる人」に近づく第一歩だと言えるでしょう。

自分で変えることのできないものは、「意識の外に出す」＝「考えない」

他人からの目線、ライバルの様子が伝わってくるとき、急に不安になり、自分でコントロールできる領域をぐらつかせる波がやってくることがあるものです。そういうときは、自分の感情に振り回されたり、過去にこだわってしまうこともあるでしょう。

ところが、そんなときでもあらかじめ防波堤を築くことができていれば、〝変えられないもの〟にとらわれることなく、いまやるべきことに意識を集中させることができるはずです。

ではいったい、防波堤を築くとはどういうことでしょう。

それは、徹頭徹尾、自分の自由にならない事情へは目を向けないことです。

「持ってる人」は現実を直視して、自分で変えられないものは意識の外に追い出してしまうことができるのです。そして、自分の力で変えられることに意識を集中させ、全力を尽くすのです。

といっても、どうやって、自分で変えられないものを意識の外へと追い出せばいいのでしょうか。

まず第一歩は、人間は、《他人・感情・過去》にとらわれてしまうことがある、ということを認識することです。

そして次に、その3つ《他人・感情・過去》は、自分では変えようがないものだということを確認しましょう。

変えようがないものについて、思い悩んでも仕方がありません。悩んだところで、解決法は見つからないのです。であれば、ひとまず、考えないという方法を採るしかないのです。

意識の外に出しておく、ということは、考えないということです。考えても仕方のないことだ、とあきらめることです。それは決して後ろ向きなことではないのです。

第四章　他人・感情・過去は変えられないのか?

「変えられないものにとらわれない」から、「変えられないものに働きかける」へ

四章を進める前に、三章のおさらいをしておきましょう。

「他人・感情・過去」は自分ではどうしようもないもの、コントロールできないものです。「持ってない人」は、しばしばそれらにとらわれ、振り回されてしまいます。

しかし、「持ってる人」は「他人・感情・過去」という、自分がコントロールできないものへは目を向けていません。その代わり、「自分」「思考・行動」「未来」という、これから自分の力で変えていけるものに集中することができます。

・（変えられないもの）⟷（変えられるもの）
・他人⟷自分
・感情⟷思考・行動
・過去⟷未来

ここまでが「持ってる人」の初級編です。まず、自分の力でどうにもできないことには意識を向けず、自分で変えられることに全力を尽くす、というのが最初のステップでした。少なくとも、初級編をご理解いただければ、「持ってない人」からは遠ざかることができるでしょう。

では次に、さらに上の段階の「持ってる人」になるための上級編へと話を進めましょう。

初級編では「他人・感情・過去」は変えられないと認識しましょう、と述べました。

しかし、上級編では、あえてその逆のことを述べさせていただきます。初級編では、意識を向けない、自分とは切り離すと述べてきた「他人・感情・過去」に対し、自分から働きかける方法があるのです。

つまり、「他人・感情・過去」という、本来は変えられないはずのものを変えることができるのです。では、どうやってそれらに働きかけるのか。それが「持ってる人」の上級編です。

自動車にたとえてみましょう。

自分で変えられるものと、自分では変えられないものとは、自動車の前輪と後輪の関係に似ています。

前輪は「自分・思考・行動・未来」、後輪は「他人・感情・過去」です。

先にも述べたとおり、前輪の「自分・思考・行動・未来」は、自分の意思によって変えることができます。ドライバーのハンドリングによって、右へ、左へと行き先を変更できるのが、「自分・思考・行動・未来」です。

一方、後輪の「他人・感情・過去」は前輪の動きに合わせて回転するだけです。自発的に方向を決めることはできません。ドライバーの自由にはならないのです。

しかし、前輪にあたる「自分・思考・行動・未来」が行き先を変えれば、後輪の「他人・感情・過去」も違う場所へと進んでいきます。

つまり、「自分・思考・行動・未来」を変えることができれば、「他人・感情・過去」も自然と変わっていくということです。

そして、「持ってる人」とは、この前輪、つまり、「自分・思考・行動・未来」をコントロールする方法をよく知っている人たちなのです。

「持ってる人」の「他人」への働きかけ

では、「持ってる人」が、どのように「他人・感情・過去」に対して働きかけを行っているかを、具体的な発言から見ていきましょう。

まずは「他人」に対してです。

＊

イチロー選手の言葉より。

「ものを動かしていくきっかけは、個人でもつくることができるんです。そういうことを、行動でも、発言でもやっていきたいと思います。個人で時代の状況を変えることはとても難しいことです。個人でできることの範囲は、だいたい決まっている。でも、変化のきっかけぐらいは、個人でもつくっていかなければ駄目だと思うんです」

2001年、念願叶《かな》ってメジャーリーグのシアトル・マリナーズへと移籍したイチロー選手は、日本人初の野手のメジャーリーガーとして、期待以上の成績を残しました。

その年、イチロー選手はインタビューに答えてこんな言葉を残しているのです。

当時はいまのように、メジャーリーグに何人もの日本人選手がいるという時代ではありませんでした。イチロー選手はメジャーリーグに進出した日本人プロ野球選手のパイオニアの一人であり、初年度から華々しい活躍をしたことで全米からも注目されました。開幕戦でさっそくマルチヒットを打ち、シーズンを終わってみればアメリカンリーグの新人王・MVP・首位打者・盗塁王のタイトルを奪取しています。この驚異的な活躍が可能だったのはなぜでしょうか。その理由が、前掲のイチロー選手の言葉から読み取れると思います。

個人でできることを限界までやったうえで、変化のきっかけというささやかな（しかし重要な）第一歩を踏み出すという意思を持つ——それがイチロー選手の、自分を取り巻く環境への働きかけだったのです。

＊

『勇気がもらえる145の言葉　トップアスリート22人はそのとき……』のなかの川口能活選手の言葉を引用しましょう。

「ディフェンダーがよいプレーをしたら最大級に褒めて、ミスしても『いいよ、次やろうね』ってね。彼らが気持ちよくプレーできれば、周りも見えてくるだろうし、頑張らなきゃいけないところで、本当に体を張って頑張れるようになるんですよね」

1998年、サッカーのFIFAワールドカップフランス大会に出場した川口選手の発言です。当時、川口選手は日本代表の守護神として、神懸かり的なセーブを連発するゴールキーパーでした。このときも、初戦のアルゼンチン戦で敗れはしたものの、23シュートのうち、許した失点はわずか1という獅子奮迅の活躍をしました。

対戦相手のアルゼンチンは優勝候補にも挙げられる強豪チームでした。片や、日本は悲願の初出場を果たしたばかり。実力的にも、状況的にも、歯が立つ相手ではありませんでした。しかし、川口選手がゴール前から発する覇気がチームメンバーを奮い立たせ、彼の声かけにチームが一丸となって頑張ったからこその惜敗だったと言えます。これが川口選手の他人への働きかけです。

変えたい他人がいるのなら、自分の考え方と行動を変える

ここからはビジネスシーンでの話に移りましょう。

「持ってる人」が何気なく実行している他人への働きかけを、ビジネスシーンに応用したらどうなるか、その例を挙げてみます。

ある顧客と相性がよくない、関係が上手くいっていない営業マンがいます。そのことが営業上の苦手意識になったり、彼自身の憂鬱の原因になっています。彼にどうしたいかを聞くと、「顧客との関係を改善したい」と答えました。

「持ってる人」なら、おそらくこうアドバイスするはずです。

「顧客は変わりませんよ。もし、その関係を変えたいと思うなら、自分自身を変えましょう。具体的には、自分の考え方と行動を変えることです」

顧客はあくまで「他人」です。こちらの都合で変わってもらうことはできません。つまり、こちら側が変わるしかないのです。顧客との関係がこじれているのであれば、自分自身の顧客へのアプローチの仕方を変えるしかありません。

具体的なアクションを挙げてみましょう。

訪問した際の話題の展開の仕方、提出する資料の中身と順番、説明するときの声のトーンから言葉遣い、表情を変えてみましょう。提案後のお礼は電話かファックスか、メールですべきか、それも重要なことです。いずれにせよ、これまでのやり方をぜんぶ変えてみるのです。そうすることで、顧客との関係が劇的に変化することがあります。

不思議なもので、人間関係はどちらか一方が変わることで、両者の関係そのものが変化していくものです。

「持ってる人」の「感情」のコントロール

「他人」の次は「感情」です。

「他人・感情・過去」の3つのなかで、感情をコントロールすることは比較的イメージがしやすいかもしれません。しかし、心が動揺したり、怒りや悲しみといったネガティブな感情が湧き起こったとき、その感情を切り替えるのは、意外と難しいものです。

第三章では、初級編として、感情を意識しないことをおすすめしましたが、ここでは一歩進んで、ネガティブな感情をポジティブなものへと変えていくプロセスをご紹介したいと思います。

「持ってる人」は、まさにそのプロセスをよく知る達人です。

試合のたびに日本国中の人々に注視され、プレッシャーのなかで試合に臨むアスリートは、感情をどのように扱っているのでしょうか。

*

「プリ・ショット・ルーティン（Pre-Shot Routine）」という、主にゴルフ等の競技で使われるスポーツ心理学の用語があります。「決定的な動作（Shot）を行う前（Pre）の決まりごと（Routine）」を意味します。

プレッシャーのなかで試合に臨むアスリートは、この決まりごとを毎回同じ要領で繰り返し実行するのです。これはすなわち、通過儀礼のようにルーティン化することを通して自身の感情をコントロールし集中力を高めているわけです。

例えば、イチロー選手がバッターボックスに入る前のストレッチ内容、ウェイティングサークルからバッターボックスにたどり着くまでの歩数、バッターボックスに入ってからの動作、といったものを完全にルーティン化し毎回寸分の狂いもなく実行していることは有名です。

いつも同じ行動を取ることにより、そのときの感情に惑わされずに、目の前の課題に集中して取り組むことができる。プリ・ショット・ルーティンは自分のなかから湧き起こってくる不安や恐怖を回避するために有効な方法だと言えるでしょう。

大相撲の高見盛関は取組の前に独特のやり方で気合を入れ、そのアクションが子供たちから大人気になりました。高見盛関のあの行動もプリ・ショット・ルーティンです。真剣勝負の取組は、高見盛関のようなプロの関取にとっても恐ろしいものだそうです。だからこそ、彼は毎回同じ行動を取ることで、その恐怖を回避することができているのです。

私自身もプリ・ショット・ルーティンを実践しています。講演会の前に必ずトイレの洗面台で、水をつけた手で顔をパンパンと叩くのです。この行動によって、講演に臨むモードへと気持ちが切り替わります。いわゆる「スイッチが入った」状態になるわけです。

人間はここ一番という大切なときには必ず緊張と不安とがやってきます。

アスリートにとっての試合のように、何度も経験して慣れていることだとしても、その日の体調がいまひとつだったり、気乗りがしないということはあるはずです。

そんなときに、いつもと同じ集中力を取り戻すことができる方法をそれぞれ持っているからこそ、潜在的な能力を活性化し、課題に取り組むことができるのです。その結果が「持ってる」ことにつながるのです。

負の「感情」は、身体と言葉を使ってプラスに変える

話をビジネスシーンに移しましょう。

感情が高ぶった、怖い、寂しい……。そんな感情に支配されそうになったら、どうすればいいでしょうか。第三章では、感情に振り回されないようにするために、そういった感情を意識の外に出してしまうように努力しましょうと述べました。しかし、この章では、一歩進めて、感情をコントロールする方法を見ていきましょう。

例えば、ビジネスマンにとって、上司という存在は、もっとも心強い味方であると同時に、敵に回せばもっとも厄介な存在です。そんな上司から理不尽な物言いをされたときに、思わずカッとなってしまうことがあるでしょう。怒りを覚えた経験を持つ人は多

いはずです。

そんなときは、その上司が赤ちゃんだった頃、子供だった頃のことを想像してみてください。真っ赤なサルみたいなしかめっ面《つら》でビービー泣いていたんだろうなあ、とか、一生懸命勉強して100点取って親に自慢げに答案用紙を見せびらかしていたんだろうなあとか、具体的な場面を想像してみましょう。ムカつく上司であっても、子供の頃は○○ちゃん、とちゃん付けで呼ばれ、頭を撫《な》でられて育ったはずです。そう考えれば、腹を立てるほどの相手でもないと気持ちに余裕が生まれるものです。これは非常に極端な一例ですが、この方法で言いたいことは、腹を立てると、いま目の前にいる腹立たしい人が、その人そのものになってしまいますが、その人の別の顔を思い起こすことで、怒りを分散できるということなのです。

また、身体を動かし、意識を行動に集中するのも、気分転換にはいい方法です。もっとも簡単な方法は歩くこと。歩いていると、マイナスの感情がしだいに薄らいできます。

また、心を落ち着けるには、音楽も効果があります。感情を鎮めるためのクラシック音楽を、何曲か決めておくといいでしょう。

もう一つ、私自身が実践して効果を感じているやり方を紹介しましょう。私は寂しいこと、悲しいことがあったときには地球儀を見るようにしています。

「地球上には六十数億人の人間がいる」と思えば、自分の怒りや悲しみ、不安などが小さなことに思えてきます。自分の視点を変えることで、問題を小さなものとして考えることができるのです。

また、言葉も力を持っていますから、活用したいものです。

「どうせ」「しょせん」という言葉を使うのはマイナスです。「どうせダメだ」「しょせん、私の能力では無理」といったボヤキは次のように言い換えましょう。

「やってみなければわからない」「私こそはここで力を発揮できる」

「どうせ」「しょせん」という言葉を口にすることは、自分の手で未来を閉ざしていると同時に、自分の気持ちの回復を手放しているのです。

また「べき」は使わないようにしましょう。「完璧であるべき」という考えでは、プレッシャーばかりを感じて、プラス方向に気持ちを向けることができません。

ピンチをチャンスに変える言葉「ちょうどよかった」

もっと積極的に言葉の力を活用することもできます。

寂しい、悲しい、悔しい、腹立たしいという感情が生まれる場に遭遇したときに、唱えると効果のあるいい言葉があるので、ご紹介しましょう。

「ちょうどよかった」

ミスやトラブルが起こったとき、不安や怒りの感情が生まれ、混乱するかもしれません。しかし、そういう感情にとらわれることなく「ちょうどよかった。もっと会社の規模が大きくなってから起きたミスだったら大変なことになっていた」と考えてみるのです。

どうですか。見方が変わったのではないでしょうか。

そして、さらに一歩進んで、行動を変えるために、「ちょうどよかった」の次に「これをきっかけに……」と続けてみてください。

「これをきっかけに業務の見直しを進めよう。チェック体制もあらためよう」

これはビジネスシーン以外でも有効な考え方です。

例えばあなたが失恋したとしましょう。あきらめきれずに元恋人につきまとってしまったら、それはストーカー行為です。しかし、そのときに心の中でさっきの言葉を唱えてみたらどうなるでしょうか。

——「ちょうどよかった」

「〝ちょうどよかった〟。もっと長くつきあってから別れていたら、失恋の傷はもっと深かっただろう。早い段階でお互いの人間性が見えた」

——「これをきっかけに……」

「〝これをきっかけに〟異性を見る目を養って、新しい恋をしよう」

もしくは

「〝これをきっかけに〟もっと自分を磨こう」でもいいでしょう。

「ちょうどよかった」「これをきっかけに……」は様々な場面で使える魔法の言葉です。

身体、言葉を働きかけの方法に使うことで、負の感情をプラスに変え、次の勝負へと態勢を立て直しましょう。

「持ってる人」は「過去」を〝編集〟できる

他人、感情の次は「過去」です。

これまで述べてきた「他人」「感情」とは違い、「過去」は言うまでもなく、すでに起こってしまったことです。過去なんて、何をどうしたって変えられるわけがない。——確かにそのとおりです。過去にあった事実は変えられません。

しかし、私たちが学校で学んできた歴史をよく思い出してみてください。歴史の教科書に書かれていたことは、すべて、現在の私たちの目で〝編集〟されたものです。現在の価値観が変われば、歴史の教科書に取り上げられるものも書き方も変わるでしょう。

そう考えれば、私たち個人の過去も編集することができるはずなのです。過去の出来事を意味づけすることによって、過去の持つ意味を変えることができるのです。

過去は編集できる。

つまり、過去に起きたことの〝意味〟を変えられるのです。

過去につらい経験を重ねてきた人がいたとしましょう。その人にとって、自分のこれまでの苦労は自分をさいなむものでしかなかったとします。しかし、その過酷な体験を、これからの成功に向けた修業だったんだ、と考えてみたらどうなるでしょうか。苦しい経験を積んだ人にしか知り得ないことと、見えない現実を知ったことは、その人の人生に豊かなものを与える可能性があります。

過去をゴミ箱に入れて忘れ去ってしまうのではなく、そこで経験したことの意味や価値を見つめ直すことは、実は「過去を変える」ことなのです。

では、「持ってる人」たちは過去をどのようにして自分のものにしてきたのでしょうか。その例を見ていきましょう。

過去の挫折が私を強くした

「東京新聞　ＴＯＫＹＯ　Ｗｅｂ」に掲載されていた安藤美姫選手の言葉より引用しましょう。

「トリノで結果が出ていたらバンクーバーはなかった」

「4年前は失敗ばかり。この4年で成長することができた」

2010年のバンクーバー・オリンピックでの言葉です。このとき、安藤選手は5位に入賞しました。前回のトリノ・オリンピックでは惨敗し、オリンピックという舞台のプレッシャーに押しつぶされたのではないかという報道もされていただけに、このときの晴れやかな笑顔は印象的でした。

トリノ・オリンピックのときにはまだ高校3年生だった安藤選手にとって、トリノでの経験は、おそらく人生のなかでも最大級のつらい経験だったに違いありません。

しかし、彼女はその経験すら、バンクーバー・オリンピックの氷上に立った「いま」の自分には必要なものだったと語っています。彼女が4年前の経験を自分のものにできたからこそ出てきた力強い言葉です。

＊

本田圭佑選手がこんなことを言っていたのを記憶しています。

「最後に成功すれば、〝挫折〟は〝過程〟に変わる。だから成功するまであきらめない」

ＦＩＦＡワールドカップ南アフリカ大会で「昨日も誕生日でしたし、まあ〝持ってる〟な、ということで」と語った本田選手は、自信に満ちた剛胆な選手、という印象があります。

しかし、本田選手は陽《ひ》の当たる道ばかりを歩いてきたエリートサッカー選手ではありませんでした。中学時代にはガンバ大阪のジュニアユースに所属しながら、ユースチームへの昇格ができなかったという挫折を味わっています。その経験について、のちに本田選手が振り返ったのが「成功するまであきらめない」ということの言葉です。

負けん気の強い本田選手にとって、ユースチームへの昇格がかなわなかったことは、おそらく、たいへん悔しい経験だったに違いありません。しかし、本田選手はそこでサッカーをあきらめることなく、石川県の名門・星稜高校に進学。3年時には第83回全国高等学校サッカー選手権大会に出場し、石川県勢初のベスト4に進出しています。

やがてプロへと進み、世界を舞台に活躍するまでになったことで、本田選手はようやく挫折を「糧」にできたのではないでしょうか。おそらく、サッカー選手として成功した現時点から見て、本田選手は過去の挫折を大切な経験として位置づけ直したのだと思います。

＊

浅田真央選手の言葉より。

「うれしさが50パーセント、悔しさが50パーセントです。銀メダルでしたが、一夜明けて、（銀メダルは）次へのステップだったかなと考えました」

２０１０年のバンクーバー・オリンピック。金メダルを期待されていた浅田選手でしたが、ライバルのキム・ヨナ選手（韓国）に敗れて2位となり、銀メダルに終わりました。そのときに、浅田選手がインタビューに答えた言葉です。

それまで何年にもわたって目標にしてきたオリンピックで悔しい思いをしながらも、一晩たった翌日には、敗れたことを「次へのステップ」にしたいと答えている浅田選手。華奢な彼女のどこに、こんな強い精神力があるのかと驚かされます。

この言葉からわかるように、浅田選手はたった一晩で気持ちを切り替え、次のステップへと進もうとしています。スタートが早いということは、それだけ次の戦いに有利になるということを知っているのでしょう。

未来に向かうとき、過去のどの部分を取捨選択するか

ある過去を、現時点で振り返って意味づけることは、その過去を「変える」ことだと

いえます。

もちろん、一般の人たちでも、過去は変えられます。ただし、そのときに必要なのは、これからどういう方向へ進みたいかという未来へのビジョンです。

未来はどういう方向に進みたいのかをまず考えてから、過去の出来事を抜き出し、編集する。それが「持ってる人」の過去の編集術です。

少し難しいので、具体的にイメージしていただくためにも、ビジネスシーンに目を向けてみましょう。

私はコンサルタントとして、企業の過去を編集してきました。企業概要には沿革がつきものですが、企業が新しい方向へと足を踏み出そうとするとき、沿革を見直します。そのとき、過去にあった実績の取捨選択を行うのです。

CIや新しい事業戦略に基づいて経営方針を転換する場合には、その新しい方針の萌芽とも言える出来事を〝過去〟から探し、見つかれば、沿革にその出来事を加筆するでしょう。また、新しい方針を象徴するような社員の行動があれば、積極的に取り上げ、フォーカスしようとするはずです。逆に、新しい方針にそぐわないような出来事の場合は、沿革から削るという作業が欠かせません。過去の編集作業は未来へ向かうために必要なプロセスの一部とも言えます。

サッカーの日本代表チームを中心選手として牽引し、ヨーロッパのクラブチームでも活躍した中村俊輔選手は、毎日ノートをつけているそうです。『察知力』（幻冬舎新書）という本のなかでも触れられており、『夢をかなえるサッカーノート』（文藝春秋）として、本にもまとめられていますが、何を食べたか、ビデオで誰のプレーを見たかといったことをぜんぶ書いて、休みの日に読み返しているそうです。

そのノートは、読み返さないものもあれば、読み返すものもあると言います。中村選手がノートを読み返すのは、過去を回想して懐かしむためではなく、そのノートに書いてある過去が現在の自分を作っているからだと私は思います。さらに言えば、未来に向かうための材料としてノートをめくり、必要な情報を抽出しながら活用しているのではないでしょうか。

未来に向かうときに、過去のどの部分を背負って歩くのがいいか、というのは、そのときどきで変わってきます。過去を編集するということは、未来のために過去を見つめ直す作業でもあるのです。

未来を描けば、過去の「事実」は変えられなくても、「意味」は変えられる

過去にあったことを編集することで、過去の意味を変えることができると述べました。

あなたも自分自身の過去を振り返ってみましょう。

これまでの過去の歩みのなかで、失恋や受験の失敗、就職活動で第一希望の会社に入れなかったこと、仕事上でのミスなど、誰でも失敗や挫折の経験があるはずです。これらの過去は〝事実〟ですから、手を加えることはできません。ですから「過去にとらわれてはいけません」と第三章で述べました。

しかし、前述したように、過去にあった〝事実〟は変えられなくても、その〝意味〟は変えられます。

進学、就職、転職、あるいは、起業など、人生には様々な岐路があります。そのときどきで「何を選択したか」の積み重ねが、現在の自分自身を作っています。そして、そ

の選択が正しかったかどうかをジャッジできるのは、実は自分自身しかいません。言ってみれば、「自己責任による自己選択の積み重ね」が人生をかたちづくっているのです。

あのときの挫折はのちに糧となった。あのときの成功が逆に自分に甘さを生んだ……、など、人生には、振り返ってみて初めてわかることがたくさんあります。「過去」と向き合い、その出来事の意味づけを変えることが過去を編集する行為なのです。

しかし、そのためには、まず目指すべき未来がはっきりとしていなければなりません。こうしたいという目標がなければ、過去を編集する方針が決まらないからです。方針がなければ、どの過去を残して、どの過去を忘れるかという選択基準が決まりません。まず、未来へのビジョンがあってこそ、過去を編集することができるのです。

ここで一つだけ注意を添えておきましょう。

第三章で、まず、現実を直視しましょう、と書きました。過去の編集も、現実を直視したうえで行ってください。このステップを抜かして、過去の編集のみをやってしまうと、自分の都合のいいように過去を解釈することになってしまい、かえって「モンスター〝持ってない人〟」への道を邁進することになりかねません。

まず、自分にとってつらかったこと、苦しかったことと向き合い、そこから教訓を引き出すことが大切なのです。過去を〝編集〟することは、過去を〝ねつ造〟することではないのです。

以上、「持ってる人」の行動原理を《他人・感情・過去》の3つの観点でまとめました。

第五章　「持ってる人」の世界観

「持ってる人」は、不確実な世界に生きる勝負師

ここまで、「持ってる人」たちの発言をたびたび取り上げてきました。

お気づきになった方もいると思いますが、本書で取り上げた人物には大きな共通点が一つあります。それは、彼らがアスリートであるということです。

私は、「持ってる人」は勝負師だと思っています。

アスリートの彼らもまた、一流の勝負師といって間違いないでしょう。彼らは常に、勝敗がはっきりする世界に身を置いています。勝つか負けるか。二つに一つの世界でライバルたちと競い合っているのです。

「勝負は時の運」と言われますが、それでも、長い目で見れば、ただの強運とは思えない〝勝ち続けてきた人〟がいます。

勝負という不確実な世界で、奇跡的とも思えるパフォーマンスを発揮し、しかもそういうパフォーマンスを繰り返し重ねている人を見て、私たちは「持ってる」と呼んでいるのではないでしょうか。

スポーツに限らず、将棋や麻雀や競馬のような勝ち負けがはっきりする勝負事には、自分ではどうにもならない要素が多分に含まれています。運・不運を含めて、不確実な世界が目の前に広がっているのです。しかし、彼らはその不確実な世界に向き合いながら、自己選択を繰り返し、自己責任の意識で結果を引き受けます。そして、勝つ確率を最大限に高めるために日々努力しているのです。彼らのそうした勝負師魂が、最終的に「持ってる人」へとつながっていくのだと思います。

「勝ち負けに意味はない」は、敗者の言葉

ここで一つ、勝負にまつわる言葉を紹介しましょう。チェコ出身のテニス・プレーヤー、マルチナ・ナブラチロワの言葉です。

「『大切なことは勝敗ではない』——この言葉を使いたがるのは敗者だけだ」

確かに、負けた人ほど「勝敗に意味なんてない」「参加することに意義がある」と言いがちな印象があります。

ちなみにナブラチロワは、1970～80年代に活躍し、4大大会で6連勝という偉業

を成し遂げ、無敵と恐れられた名選手です。彼女もまた「持ってる人」だったと思います。

私はこの言葉を、「結果にはこだわらないという考え方でゲームに参加している人は、自分に逃げ道を与えているだけだ」ということだと解釈しています。たいへん厳しい言葉ですが、ここには勝負の世界に生きる勝負師ならではの強烈なリアリティがあります。「持ってる人」は、「勝ち負けに意味がある」から試合に臨んでいるのです。そして、それは、彼らのような勝負師に限ったことではないと思います。彼らがスポーツで戦うのと同じように、私たちも、生活のなかで、どうしても勝たなければならない局面があるのではないでしょうか。日々の仕事だって、勉強だって、ときには恋愛だって、小さな勝負の繰り返しでしょう。戦わない人に、明るい未来はないと思います。

人生に起こるすべての選択は、勝負です。そして、戦うと決めたら、「勝ち負けには意味がある」と考えて勝負に臨むのは当然です。

勝負は冷酷です。言い訳など通用しない厳しい世界です。ビジネスにおいてもまた、結果はやがて目に見えるかたちで表れます。成功したか失敗したか、永遠に結果を曖昧にしておくわけにはいきません。

「持ってる」ビジネスパーソンは、アスリートと同じように勝負師のスタンスを持っています。経営者であれば、売上高や利益額や競合とのシェア争い。営業パーソンであれば、売上高や販売数。評価が難しい総務系の仕事であっても、仕事量や業務効率などの観点から、工夫次第である程度の評価ができるはずです。自分が関わった仕事がどの程度上手くいったかを客観的に評価できることは、ビジネスの世界に生きる人にとって重要なスキルでしょう。

「持ってる人」ほど、勝ち負けの基準、成功か失敗かの明確な基準を持っています。そして、何が自分にとっての成功や成長なのかを自覚しているのです。

「持ってる人」が起こす奇跡は、単なる強運から生まれたのか

「持ってる人」は、勝負の世界に生きている人である、と述べました。「持ってる人」は、勝負の世界で勝っても負けても、その結果と向き合い、そこから多くのことを学び、次の戦いに向けて自分を進化させてきた人です。

しかも、本書で挙げてきたような、スーパーに「持ってる人」は、ズバ抜けた才能と勝負強さを持っていますが、ただ単に才能あるアスリート、勝負強さを持った選手という枠組みに収まりません。スーパーに「持ってる人」は、勝負という不確実な世界で、私たちの想像を超える奇跡を見せてくれる人だと私は思います。

「持ってる人」たちが起こす奇跡は、多くの場合、強運から生まれたものだと考えられているように思います。しかし、本当にそうでしょうか。彼らが生み出す並外れた成果や奇跡は、ただ単に運によって偶然に生じたものなのでしょうか。

私はそうは思いません。それを考えるために、私たちの住んでいる「世界」について考えてみましょう。

この世は関係世界で成り立っている

仏教に「縁起」という言葉があるのをご存じでしょうか。

「縁起」とは「縁《よ》りて起こる」ということ。つまり、この世のすべてのものがつながり、それぞれに依存し合い、関係を持ちながら網の目のように世界が存在しているのだとい

関係の網の目

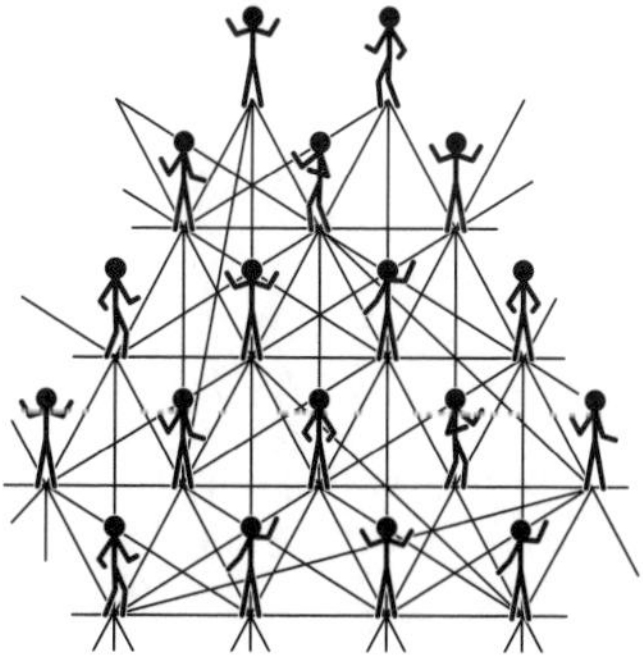

う世界観です。

例えば、食物連鎖を考えるとわかりやすいでしょう。「食べる—食べられる」という関係に注目するだけでも、生き物は複雑につながり合っています。また、家族や親戚のような血縁関係を辿《たど》ってもかなりの広がりを示すはずです。上司と部下の関係、先生と生徒の関係、友人同士の関係なども同じです。

つまり、私たちは、複雑に入り組んだ相互関係のなかにいて、「関係の網の目」のそれぞれの一つとして、この世界に生きているといえます。

関係の網の目に生きている私たちは、自分の外側に広がる世界から、ある意味で不自由さを押しつけられます。なぜなら、縁でつながった私たちは、自分一人が好き勝手に生きることは許されないからです。家族のなかでのルール、学校の校則、社会の法律、会社の社則といった「ルール」は、関係世界を保ち、発展させていくうえで必要な決め事です。

私たち人間は、一人では生きていけません。この世界に生まれ落ちたときには家族という人間関係があり、やがて親戚、学校、地域社会、職場といった関係の網の目を広げ、そのなかに自分の居場所が作られていきます。

私たちが「運」と呼んでいるものも、このような複雑な関係の網の目から必然的に生まれたものだと考えることができると私は思うのです。

おかげさまで

先ほど述べたように、私たちは、様々な関係のなかに身を置いているために、そこから多くの制約を受けます。しかし、その一方で、計り知れないほどの恩恵を受けていることもまた事実です。

例えば、目の前の食卓に並ぶ一つ一つの食材。それらは、多くの人の営みがつながり合った結果としてそこにあるわけです。私たちは、自分一人の力で多彩な食材を獲得することはできません。これは、関係世界から受ける恩恵の、典型的な例でしょう。

人生においても、「父と母が出会ってなかったら自分は生まれていなかった」「あのときの恩師の言葉に影響を受けた」「あの友人のアドバイスがなかったらいまの自分はない」「ライバルがいたおかげで成長できた」「当時の上司が厳しく指導してくれたから一人前になれた」など、人との関係性のなかで、「おかげさまで」という想いと共に振り返ることができる経験を持つ人も多いのではないでしょうか。

関係の網の目を実感できるのが、結婚披露宴

もう少し、〝関係の網の目〟について見ていきましょう。この世界の姿を理解することが、「持ってる人」が起こす奇跡に深く関わっているからです。

私たちは関係の網の目のなかに生きているのだということを、もっとも生々しく、リアルに感じることができるのは結婚披露宴でしょう。

結婚披露宴の当日には、多くの人が関係の網の目を実感して感謝の気持ちを抱きます。

親兄弟や親戚、幼なじみから学生時代の友人、恩師、社会に出てから培った人間関係、日頃お世話になっている人などなど、生まれてからこれまでに深く関わった人たち、大切にしたい人たちが一堂に会するのが結婚披露宴です。それはまさに、一人の人間にとって、生まれてからそれまでの出会いや縁を具体的に目にする瞬間だと言ってもいいでしょう。

結婚すると、仕事への取り組み方が変わるとよく言われます。その理由の一つは、家族という守るべきものができたことで責任感が増すからでしょうが、もう一つは、結婚することで、関係の網の目のなかにいる自分を実感し、これまで以上に、人間関係や社会との関係を大切にしようとする意識が芽生えるからではないでしょうか。

世界各地の民族が「結婚」を重要なイニシエーションの機会としてとらえ、盛大に祝うのも、個人を夫婦、家族という単位に組み込み、共同体のなかに位置づける重要な出来事だからに違いありません。社会が個人を受け入れ、個人もまた社会の一員であることを受け入れる契機として、結婚という儀式は重要なものだと言えるでしょう。

一人で生きてきたのではない。これからも一人で生きていくわけではないということを実感する機会なのです。

「持ってる人」の仕事術――運を味方につけるには

ここで再び、私たちの身近な社会へと視点を移しましょう。

ある飲料メーカーの営業マンの話です。彼は、難攻不落と言われ、前任者が出入り禁止にまでなっていたスーパーに通い詰めて、店頭でどんな時間にどんな商品が動くかを独自に調査して、報告し続けていたそうです。

ある日、そのスーパーの社長がたまたま見回りに来ました。「お前、何やってるんだ」「お客様の購買動向を調査しています」「そうか。その結果を今後俺にも聞かせてくれ」。そのやりとりがきっかけになり、社長に会えるようになったそうです。そしていまや、彼は各メーカーのなかで唯一、そのスーパーの役員会への出席を許されるほどの信任を受けています。

このエピソードは、単なるラッキーでは片づけられないと思います。

結果だけを聞けば、たまたま社長と店頭で会ったことがきっかけです。確かに、彼の心のなかには、社長に会えるかもしれないという期待めいたものもあったかもしれません。しかし、彼の行動が、すべて計算含みのパフォーマンスであったなら、店頭で彼を見かけただけの社長が声をかけたでしょうか？　そのとき、その営業マンからは、仕事に対する熱意やひたむきさ、このスーパーにとって何かプラスになるものをもたらすかもしれないというオーラが出ていたのではないかと思うのです。

会社というものが、社長を頂点とするピラミッドだとすれば、この営業マンがまず初めに関係を作ろうとしたのは、ピラミッドのもっとも底の部分にあたる〝現場〟でした。普通であれば、ここでの関係をいくら培ったところで、その熱意や想いが上層部に（それも社長に）上がっていくとはなかなか考えづらいでしょう。しかし、彼には、お客様の購買動向の報告が、岩をも動かし取引再開につながるという確信があったはずなのです。

だからこそ、このエピソードの主人公は「持ってる」という表現にふさわしい存在なのです。しかし、その「持ってる」は決してラッキーなだけでも、フロックでもありませんでした。関係世界の網の目をたぐりよせる力にほかならないのです。

「持ってる人」の仕事術――関係性の種まきをする

もう一つ、エピソードを紹介しましょう。こちらもある営業マンの話です。

その営業マンは3カ月ごとの営業目標を最初の1～2カ月で早々に達成し、残りは働かず旅行に行くという一見、破天荒な行動をする営業マンでした。

しかし彼は、休暇を取って旅行に行くと、旅先から取引先にハガキを書き、広めた見聞を報告したり、新しいアイディアを提案したりしていたそうです。そしてハガキが届いたかを確認する電話で次回提案のアポを取り、翌月も早々に達成する、その繰り返しでした。

これは、どういうことでしょうか。

そう、彼は、人と異なる方法で関係性の「種まき」をしていたのです。

フォーマルな営業とは違い、型破りな行動から生まれた視点や発想は、取引先にとっても新鮮なものだったのでしょう。見えない部分で努力をするという話はよくあります。

しかし、机に向かっていても新しいアイディアが生まれるわけではありません。ところが、旅や、新しい経験をすれば、そういうなかでさらに新しい出会いがあったり、人間関係が生じることもあるでしょう。いや、むしろ、この営業マンにとって、旅もまた、新たな関係の網の目を広げるためのものだったのかもしれません。

仕事ができる人の努力は、種まきに似ています。いつか芽を出し、大きく育つことを見越して様々な関係を結び、育てていくのです。そして、それができる人はまさに「持ってる人」なのです。

震災でわかった、関係の網の目の大切さ

この本を執筆中に、東日本大震災が起こりました。かつてない規模の地震と津波によって、多くの尊い命が奪われたことは本当に心が痛みます。まさに、瞬時にして大切な関係の網の目がズタズタに引き裂かれてしまったのです。被災地では、電気、ガス、水道、通信、交通などのインフラが断絶され、避難所での生活も想像を絶するぐらい過酷なものとなりました。被害の少なかった都心部でも、水、食料、ガソリンなどが不足、計画停電も余儀なくされ、いかにそれまでの日常生活が、様々な関係性のなかで成り立

っていたのかを痛感することとなりました。

しかし、復旧、復興を支えるのも関係の網の目です。自衛隊や消防、自治体職員や医療関係者、工事関係者やボランティア、様々な仕事や人のつながりが、被災地を救うために全力を尽くしています。また、海外からも人、技術、物資の面でたくさんの支援が寄せられ、日本は国際社会から孤立した存在ではなく、私たちは決して一人で生きているわけではないこと、「つながり」「絆《きずな》」「団結」の大切さを国民全員が見つめ直す機会となったのです。

第六章

「持ってる人」の正体

関係の網の目を上手に生き、「持ってる人」になる

第五章を振り返ってみましょう。

まず、「持ってる人」は、不確実な世界に向き合っている勝負師だと述べました。そして、「持ってる人」たちは、たった一人の世界で生きているわけではなく、私たちと同じく、この関係世界の網の目の一つとして生きているのだ、と。

私たちは一人では生きていけない〝社会的な〟動物です。関係の網の目のなかにいることで、物質的にも精神的にも多くの恩恵を受けています。原始時代と比べれば、関係の網の目を高度に張り巡らせて、実際に便利な生活を享受しています。また、自分の存在を認めてもらったり、困ったときには助けてもらったりしています。

その代わり、様々な制約を受け入れることは必須であり、自分勝手に生きることは許されません。関係の網の目は、見方を変えれば、私たちに不自由さを押しつけてくる息苦しい存在でもあるのです。

しかし、「持ってる人」からは、そういった息苦しさを感じることはありません。そ

れはなぜでしょうか。

「持ってる人」は、自己努力、自己選択、自己責任を積み重ねています。彼、彼女らは、自分を取り巻く関係の網の目に働きかけることによって、それらを「制約」ではなく、かけがえのない「財産」に変えることに成功しているのではないでしょうか。言い方を変えれば、関係の網の目を上手に引き寄せ、使いこなしているのです。

では、彼らはどのようにして、関係世界を自分の〝財産〟としているのでしょうか。詳しく考えてみましょう。

関係世界というゲームボード

考えるうえで、一旦、視点を変えてみます。

この世界を巨大なゲームボードのようなものだと考えてみてください。複雑なルール（規則）の束でできたゲームボードです。各プレーヤーは、自分の欲求を満たすというゴールを目指して、様々な意思決定を行い、それを行動に移します。

私たちは、このゲームボードにおいて、少しずつルールを学びながら成長していきます。最初に学ぶルールは、「言葉」です。言葉というルールを身につけることによって、私たちはようやく意思の疎通が図れるようになります。

言葉を使いこなせるようになったら、家庭のルール、友だちと遊ぶときのルール、学校でのルールなどを覚えていきます。そして、ルールを破ると、ご飯にありつけなかったり、友だちに遊んでもらえなかったり、先生に叱られたりというペナルティーが科されることも学んでいくのです。

社会に出ると、今度は業界や会社のルールに縛られます。そして、上司や顧客などと関係の網の目を結ぶと同時に、彼らの〝審判〟に身をゆだねて生きることになります。ここでも、ルールを破ると制裁が加えられるからです。

ルールには、あらかじめ明示されているものもあれば、そうでないものもあります。これらのルールを学んだり、本質を解き明かしたりしながら、各人が自分の幸福や欲求の追求というゴールを目指す。これが、この関係世界をゲームボードに見立てたときのありようです。

私たちは、この社会のなかで様々な制約を受けながら、プレーを続けなければなりません。思春期に訪れる反抗期や、学生から社会人になるときの転換期に痛感する「息苦しさ」は、多かれ少なかれ誰でも経験するはずです。

好きな仕事ができない、休みたいときに休めない、つきあいたくない人とつきあわなくてはならない、買いたいものが自由に買えない。

この世界では、自分の幸福や欲求を勝手に追求することは許されません。関係世界のなかで生きるということは、かなりの程度の不自由さのなかで日々を送るということだからです。

「信頼残高」は、自由を保障する財産

しかし、ゲームボードでのプレーを繰り返していくうちに、やがて、自分を取り巻く上下左右の様々な関係は、自分に制約を押しつける「悪魔」ではなく、自分の自由を保障してくれる「財産」だと気づくようになります。「関係」を「財産」に変える鍵は「信頼」です。

自分を取り巻く関係者との間に「信頼」を築くことができれば、自分の欲求を追求す

る際に各方面から支援が得られるのです。自分の「信頼残高」を貯めることは、自由を手にするための重要な資金を貯めることに等しいと言えるでしょう。

「持ってる人」は勝負師だ、と述べてきましたが、実は、信頼という行為も「賭け」の一種です。

人を信頼するのも、されるのも、どちらもリスクを伴う「賭け」です。その賭けに勝ったときには、信頼残高が増えて、自分のやりたいことをやるための財産となるのです。信頼残高は、放っておいて勝手に貯まるものではありません。自己努力、自己選択、自己責任のもとに、自分自身で獲得するものなのです。

私たちは、いいことをすればご褒美をもらえ、悪いことをすれば罰せられます。自分自身の振る舞いによって、常に関係世界からフィードバックを受けているのです。

そういう意味では、〝現在の自分〟は、過去の自分自身の選択の総決算、積み重ねの結果だと言えるでしょう。そこには自己責任が自然と生じているのです。

ルールの存在を嘆いたり、ルールに背を向けたり、ルールを守るように迫ってくる審判を批判したところで意味はありません。自分を取り巻く関係世界に真摯に向き合い、一つ一つの仕事に取り組んで成果を挙げる。あるいは良好な人間関係を育む。そうすることで少しずつ、この世界で生きていくうえでの自由を獲得していくのです。

周囲から信頼を集め、徐々に信頼残高が増えていくと、それまでは自分に不自由さを押しつけていると感じていた様々な関係が、逆に、自分の自由を保障する財産だと思えるようになります。

ここに「持ってる人」の秘密を解く鍵があるのです。

「持ってる人」の信頼残高は大きい

「持ってる人」もまた、私たちと同じように一人で生きてはいけません。彼らもまた、大勢の人たちと出会い、影響を受けて成長し、現在も周囲に支えられながら生きているのです。そして、彼らはそのことを自覚しています。

切磋琢磨した仲間たち、鎬《しのぎ》を削ったライバル、助言を与えてくれた先輩、コーチ、監督、見守ってくれた家族……。「持ってるな」と形容される人は、例外なく、それら関係世界のなかで信頼を集め、信頼残高を積み上げてきた人です。

網の目のような関係世界のなかで、周囲の人たちとの信頼関係が築けなければ、そこには、自分に不自由を押しつけてくる悪夢のような世界が広がるだけです。

ここ数年、理不尽な通り魔事件が起こっていますが、彼らが何の関係もない人たちに刃《やいば》を向けるのは、この関係世界で自分の居場所を作ることができなかったからだと私は考えています。彼らの信頼残高は空っぽでした。それゆえ、この世界に生きていくことに絶望し、やがて暴発してしまったのではないでしょうか。

同じ関係世界でも、彼らがそこに見るものと、「持ってる人」が見るものは真逆です。周囲と信頼関係を結べずに孤立感を深めた彼らにとって、関係世界は生きるに値しない地獄だったのかもしれません。一方、「持ってる人」は、自分の夢を実現したり、欲求を満たしたり、といった可能性を感じさせてくれる、かけがえのないユートピアをこの関係世界に見出しているのではないでしょうか。

信頼残高は「約束」と「実行」によって増える

信頼残高は、常日頃から目に見えるものではありません。

自分がどれぐらい信頼残高を貯めているのかを測る方法はありません。しかし、人生のなかで、こちらが意図せずとも、これまで貯めた信頼残高を目の当《ま》たりにするときが必ず訪れます。

スポーツの場合であれば、自分が大事な試合に起用されるかどうか。一般の人の場合であれば、就職、転職、起業、結婚披露宴や身内の不幸、もしくは、何か窮地に陥ったときなどが、その「とき」です。そのときの周囲の反応や対応に、自分自身がそれまでの人生で貯めてきた信頼残高が、はっきりと顕在化するのです。

私自身の経験で言えば、（株）リンクアンドモチベーションを起業したときが、そのときにあたります。起業の際に、想像以上に多くの方々に支えられ、温かいご支援をいただきました。自分自身が想像以上に広い網の目のなかにいて、いつのまにか信頼残高が貯まっていたことを実感しました。

では、信頼残高は、どのように増やしていけばいいのでしょうか。

それには、「約束」と「実行」です。信頼は、「約束」と「実行」の繰り返しによって、残高が増えていくものだからです。

例えば、「遅刻をしない」という小さな約束。その約束を守り続けた人が、定刻になっても姿を見せない場合には、「何かよっぽどのことがあったんだな」とか「事故にでもあったんじゃないか」と心配されるものです。このように心配してもらえる人は「遅刻をしない」という「約束」と「実行」を積み重ねた結果、信頼残高が増えていたのです。

その反対に、遅刻が多く、いつも言い訳ばかりしている人がそれを繰り返せば、「またか」とさらに信頼をなくすだけでしょう。「遅刻をしない」というのは、社会人として当たり前のことですが、そのことを続けるだけで信頼残高は確実に増えていくのです。

ほかにも、「いついつまでに、この仕事を仕上げる」という仕事の納期や、「このレベルを実現する」といった仕事の品質など、「約束」と「実行」によって信頼残高を高める機会に、私たちは日常的に直面しているのです。「約束」と「実行」は、決して自分の首を絞める息苦しいものではなく、むしろ信頼残高を貯めるための戦略的な行為だと考えたほうがいいでしょう。

そして、信頼残高が威力を発揮するのは、人生のなかで「もしも」のときや「節目」

のときです。いざというときに信頼残高が乏しいことは、「もしも」のピンチや「節目」の勝負時に、あなたを追い詰めることになってしまうかもしれません。

「持ってる人」は、自立している

ここまで、「持ってる人」と言われるような人たちの発言を数多く紹介してきました。彼らに共通するのは、若くしてスポーツの世界に入っていることです。

斎藤佑樹選手は小学校1年生のときから地元の野球チームに入っています。石川遼選手は6歳のときに初めてゴルフ練習場に行ったそうです。浅田真央選手がスケートを始めたのは5歳のときです。

まだ幼い頃から勝負の世界に入った彼らは、誰にでも目に見えるかたちで結果が出るという厳しい世界で生きてきました。また、若くして才能を発揮したために、将来の進路について真剣に考えざるを得ない状況に囲まれていたことでしょう。

普通の子供たちは、家庭という小さな世界で幼少時代を過ごします。しかし、スポーツの世界では、子供といえども、勝ち・負けという現実に常にさらされるのです。そういう環境が彼らの強烈な自立心を育んだことは間違いありません。マウンドの上でも、ゴルフコースの上でも、スケートリンクの上でも、ひとりぼっち。誰にも頼ることはできません。結果は常に自分の判断や行動次第。そして、結果から学び、次に生かす。この繰り返しのなかで、自分を磨き、勝負師としてのスタンスを確立していったのだと思います。

「持ってる人」は「持ってるもの」を大切にする

スポーツの世界では、才能は残酷なまでに目に見えるものとして存在します。どんなに野球やサッカーが好きでも、天分がなければプロになることはもちろん、そこで活躍することは難しいでしょう。

「持ってる人」たちは、自らの才能に気づき、その才能に賭けて、努力を続けてきた人たちです。

「持ってる人」たちは、スポーツという勝負の世界で、才能に恵まれなかったために去っていった人たちを間近で見てきたはずです。才能を生かさないことは、才能に恵まれなかった人に対して失礼だ、と彼らが考えることはごく自然なことです。彼らが努力を続ける理由の一つには、才能を持つ者としての使命感や責任感があると私は思います。そして、勝負に勝つためには何よりも努力を怠らないことだと知っているのです。

また、彼らは自分を取り巻く人たちとの信頼関係を大切にします。監督やコーチ、チームメイトや友人、家族、そしてファンやマスメディアにいたるまで、様々な関係性のなかで自分が積み上げてきた信頼残高があるからこそ、いまの自分がある。そのことを強く自覚しているのです。

信頼残高を貯めるのは地道な営みですが、信頼が崩壊するのは一瞬です。人を欺いたり、期待に沿えなかったり、その世界のルールを破ったり……、信頼を裏切るようなことがあると、関係世界は自分に対して一気に牙《きば》をむいてくる。そんな恐ろしさも十分に知っているのだと思います。

このように、「持ってる人」は、自分の才能と関係世界との信頼を大切にしながら、勝負の世界で、実績と評判を積み上げていくのです。

「謙虚さ」が芽生えるメカニズム

「持ってる人」は、何事に対しても、努力すれば必ず報われると考えています。しかし、その一方で、「とはいえ、最後はどういう結果になるかはわからない」と考えていることも事実でしょう。だからこそ「持ってる人」は謙虚です。「勝負は時の運」「勝負の女神」という言葉があるように、99パーセントまでは自分の努力によって前に進むことができたとしても、1パーセントは自分ではどうにもならない「神のみぞ知る」不確実な部分が残ることを知っているのです。

「北京で一匹の蝶が羽ばたけば、ニューヨークでハリケーンが起こる」

これは、バタフライ効果と呼ばれ、カオス理論を説明するたとえです。多数の因子が相互に影響を及ぼし合うようなシステム、言い換えれば、複雑性の高いシステムは、未来予測が不可能なのです。自然現象で言うと波や風、経済活動で言うと為替や株価変動などは、これに当てはまるでしょう。

まさに、私たちが住む関係世界では、「こうすれば、こうなる」と未来を完全に予測することは不可能なのです。

未来は予測できない。つまり、才能に恵まれ、努力を続けたからといって、必ず勝負に勝てるとは限らないのです。

「持ってる人」は、そのことを熟知し、「やれることはやり切った」という自信があるからこそ、最後の1パーセントに対して謙虚に「祈る気持ち」や「感謝の気持ち」が芽生えるのではないかと思うのです。

また、多くの人は、目の前で「起こったこと」のみに注目するのですが、その反対に「起こらなかったこと」への着目を忘れてしまいがちです。しかし、「持ってる人」は、「起こった〝かも〟しれないけど、起こらなかったこと」に対して想像力が及びます。

例えば、グリーンに向かってナイスショットを放った後に、突風でボールが曲がらなかったこと。スキーのジャンプ競技で踏み切った後に風向きが変わって失速しなかったこと。フィギュアスケートの演技中に靴紐が切れなかったこと。野球でチームメイトがエラーをしなかったことなど。

本当は、何かが起こったかもしれないのに、幸いにも何も「起こらなかったこと」に対する視線。「持ってる人」は、不確実な世界と向き合っている勝負師として「起こったこと」だけではなく「起こらなかったこと」への視線を持っているに違いありません。それゆえに、ものごとに対する謙虚な気持ちや、人に対する感謝の気持ちが、自然に湧きあがってくるのではないでしょうか。

ここで、斎藤佑樹選手の言葉を引きましょう。

「この4年間で出た答えは、一生懸命にやっていれば、野球の神様も最後にご褒美をくれるということ。それを信じてよかった」

斎藤選手が大学生活最後の年に、第41回明治神宮野球大会・大学の部の決勝戦で東海大を下し、見事に大学日本一に輝いたときの言葉です。

この言葉こそ、99パーセントの努力を積み重ねた後で、最後の1パーセントに幸運が舞い込んだ「持ってる人」の言葉そのものです。

ビジネスの世界にも当てはまる「持ってる人」の行動原理

「持ってる人」、とくにスポーツ選手の話を続けてきました。彼らの、勝負師としての自立心、才能と信頼を大切にする姿勢、そして、謙虚さについて分析し、それらが育まれる背景を述べてきました。

では、ここでもう一度、ビジネスのシーンに戻りましょう。

まず、自立についてです。会社という組織に属していると、どうしてもそこへの依存心が出てきます。でも、常に会社から何かを与えてもらいたいという受身の姿勢でいたら、勝負師のようなストイックさは身につきません。

私はここ数年、「アイカンパニー」という言葉を使って、ビジネスパーソンの自立の必要性を説いてきました。「アイカンパニー」＝「自分株式会社」というキーワードは、たとえ大きな組織のなかにあっても、自分自身を一つの会社に見立てることで、自分創りに意識を向けるための有効な視点です。

アイカンパニーの顧客は誰か、競合は誰か、競争優位性は何か、将来のビジョンは何か。これらを自分に問い続けることは、自分創りにつながるはずです。

次に、「持ってる」アスリートたちが大切にしている才能と信頼、これは、ビジネスの世界で活躍している人たちにも共通です。

仕事を通じて信頼残高を貯める。様々な約束を実行に移す。これを繰り返すなかで、少しずつ自由が与えられ、自分の才能を発揮する仕事にめぐり合えるのではないでしょうか。ビジネスの世界も関係世界です。その関係世界に「賭ける」「信じる」「信頼を結ぶ」。そうして初めて、ビジネスの世界のなかで自由に振る舞える権利が与えられるのです。

最後に謙虚さです。どんなビジネスでも、スポーツと同様に、いくら努力しても最終的な結果が自分の思いどおりになるとは限りません。そこには、人知の及ばない神のみぞ知る部分が残ります。「誰か」や「何か」のおかげで、という謙虚さを備えるのも、自分を取り巻く関係世界を財産に変えるための必須条件でしょう。

「持ってる」のは、「世界」だった!

第一章で、斎藤佑樹選手がこんな言葉を語ったと紹介しました。

「『斎藤は何かを持っている』と言われてきました。今日、何を持っているのか確信しました。それは仲間です」

この言葉の意味を、もう一度考えてみましょう。

斎藤選手が最後に至った結論は「持ってるものは仲間」でした。このことを「関係の網の目」という考え方に重ね合わせれば、彼が持っていたのは、仲間という言葉に象徴される、様々な関係の網の目です。

自分を生み、育ててくれた両親、野球を指導してくれた恩師、先輩、後輩、チームメイトたち……いろいろな人たちの相互関係のなかにいることを、彼自身が実感しているからでしょう。彼が言った「仲間」とは、単に同じ野球部の仲間たちだけを指すのではなく、彼が生まれてからこれまでに関わったすべての人との関係を指していることは間違いないでしょう。

そう、「持ってる人」たちが手にしていたのは、この世界を覆う関係の網の目そのものだったのです。つまり、彼らは「世界」を「持ってる」のです。

仏教用語の「縁起」という言葉で表現される、複雑で多様な関係の網の目を彼らは自分の財産として「持ってる」のです。そして、「世界」を手にしている、「世界」を背負っているという実感があるからこそ、彼らは、自分の成功が、「誰か」や「何か」のおかげだと知っているのです。

「おかげさまで」という言葉は、単なる社交辞令の挨拶ではありません。「持ってる人」にとっては、自分が関わったすべての関係に対する、心の底からの感謝の気持ちなのです。

そして、先ほど、自己責任で努力をし尽くして、最後に残る1パーセントは祈る気持ちだ、と説明しましたが、「自分自身が祈る気持ち」だけでは、実は不十分です。祈る気持ちで勝利への追い風になるのは、「周囲からその人へ集まってくる祈りの気持ち」ではないでしょうか。――真剣な闘いの場。勝利を期待され、その責任を一身に背負う場面。そこにいる人たちの、「勝ってほしい」「勝たせてあげたい」という気持ちが、その場に持たせる一体感はものすごいものがあります。その空気が、戦う本人から120パーセントの力を引き出すのです。実際、大きな勝利の後に、ファンへの感謝を伝える人が多くいますね。それは、本心からの言葉であるはずです。

そういう、後押ししてくれる力というものを知っているから、「持ってる人」は、周囲への感謝を忘れないのではないでしょうか。偉大なる勝利というものは一人では成し得ないことを知っているから、謙虚さを持っていると思うのです。

「持ってる人」になるために

以上、「持ってる人」について、様々な角度から考えてきました。そして、最後には、先ほど述べたように、「持ってる人」が持っていたのは「関係世界」だという結論に行き着きました。関係世界の大切さを知りつつ、その世界そのものを自分にいかに引き寄せられるかが重要だということが、わかっていただけたと思います。

前にも書きましたが、この本の執筆中に、東日本大震災が起こりました。多くの命が奪われてしまいましたが、この震災が教えてくれたのは、関係の網の目の大切さです。海外メディアは、大変な震災のなかにもかかわらず、大きな混乱や暴動も起きず、被災地の人々をはじめとする日本人が、互いに助け合い、協力し合い、団結して、復興を目指す姿を感動と共に報じています。

私たちは、他者とのつながりや絆を大切にする日本人の気質にもっと誇りを持っていいのではないかと思います。

「お互いさま」という発想、「おかげさま」という謙虚さ。これらを忘れずに前に進めば、世界からあこがれられるニッポンは必ず復活すると信じています。

何度も繰り返しますが、私たちは一人では生きていけません。必ず、この世界とつながりながら生きているのです。そのことをしっかり認識し、そこに感謝と謙虚さを持つことで、逆に世界があなたの味方になって、あなたの後押しをしてくれるのです。

それを喜びと共に嚙みしめる瞬間が来たら、それは、あなたが「持ってる人」になったときです。

おわりに

幻冬舎の袖山さん（私は〝そでちゃん〟と呼んでいます）から、「持ってる人」をテーマに執筆して欲しいとの依頼を受けたのが２０１１年の2月のことでした。大学野球日本一に輝いた斎藤佑樹選手が、「持ってるのは、仲間です」と発言し、テレビで繰り返し報道されたのが前年11月のこと。それからまだそれほど時間がたってないときです。

私は素直に「そでちゃん、おもしろいな〜」と思いました。彼女は、時流を捉えるのが本当に上手いのです。彼女とは、これまでに『会社の品格』（２００７年）、『自分は評価されていないと思ったら読む本』（2009年）の2作品で一緒に仕事をしてきましたが、とにかく発想が豊かで仕事のスピードがすごい。そして著者に締め切りを守らせるためのお尻の叩き方、さらには原稿への赤入れもすごい女性なのです。

「持ってる人」……、流行ってはいるものの、正体不明な表現。しかも、自分は、とてもじゃないけど「持ってる人」を論じるほど、持ってるわけじゃないしなあ、との逡巡。あげくの果てには、幼少期の「持ってない」過去を思い出す始末でした。

幼稚園のとき、運動会のリレーの選手に選ばれたときのこと。走力には自信があったのですが、晴れの舞台で緊張していたのでしょう。バトンをもらった方向に駆け出し、そのまま反対回りに独走してしまった自分は「持ってなかったな〜」と、45年間も封印してきた恥ずかしい過去を思い出してしまいました。

ついでにもう一つ思い出したのが、やはり幼稚園の学芸会。「これから、ふじ組の白雪姫を始めます」と、たくさんのご父母の前でクラスを代表して挨拶したのは私です。私を見つめる母の目は、実に誇らしげでした。ここまでは「持ってる」。でも私の役どころは、なんと空から舞い落ちる「雪」でした。もちろんセリフは一言もありません。

ひたすら雪の絵を頭に巻きつけて、ステージの上を走り回るだけ。かなり「持ってない」幼稚園児だったのです。家に帰って、母から「上手に挨拶できてえらかったね〜」と褒めてもらいましたが、「雪」のことには一切触れてもらえませんでした。

そんな私が、「持ってる人」というテーマに太刀打ちできるのかといった心配はありましたが、初回のミーティング、いや、その前の打診メールの段階から、そでちゃんの依頼を断れるような雰囲気は皆無だったのです。

そこで、「やるしかない！」という覚悟と「ちょっと面白いかも」という好奇心から、そでちゃんに対抗するために、さっそく2人の助っ人を用意しました。

1人目は、当社モチベーション研究所の白坂女史。これがまた仕事が速い女性なのです。彼女は一流のコンサルタントですが、とくにリサーチ力と概念の編集力はピカイチです。ただ、締め切りが迫ったときの形相はそでちゃんと同じく横綱級に怖いです。

もう1人は、秘書の沼田女史です。彼女はどんなピンチにも折れない根性の持ち主です。そして締め切りが迫ると、髪を振り乱しながらの奮闘ぶり。これには目を覆うばかり、いや、目を見張るものがあります。

こうして始まった本書のプロジェクトでしたが、その目標は「持ってる人」の正体を解き明かすことでした。

「はじめに」で述べたように「持ってる」という表現が、巷で流行ってはいるものの、いったい何を「持ってる」のか？　については、誰も聞きませんし、誰も答えてきませんでした。「持ってる」という言い方は、「何を」が頭につかない不思議な表現なのです。

では、「持ってる人」とはどんな人で、いったい何を持っているのか。何度もプロジェクトメンバーで議論を重ね、本書の原稿を完成させる過程で、「持ってる人」の本質にかなり近づくことができたと思います。

まず、「持ってる人」は、不確実な未来に向き合う勝負師であることが明らかになりました。彼らは勝負師であるがゆえに、勝つ可能性を最大限に高めるための努力を惜しみません。そして、変えられるものを選択して、そこにすべてのエネルギーを注ぎます。勝利に向かう際ノイズになるものには、一切とらわれません。そして結果を自己責任で引き受けます。このような態度は、スポーツという特別な世界に限らず、ビジネスの世界でも培えるものでしょう。

次に、「持ってる人」は、「祈る気持ち」や「感謝の気持ち」を忘れない謙虚な人です。彼らは、いくら優れた才能があって、その才能を磨く努力を続けても、最終的には自分の力だけではどうにもならない1パーセントの部分が残ることを知っています。だから、どんな素晴らしい成果に対しても「おかげさまで」という気持ちが先に立つのです。このような謙虚な姿勢は、あらゆる分野に共通する成功の要件ではないでしょうか。

では、「持ってる人」は、いったい何を持っているのか。それは、信頼や絆によって張り巡らされた「関係の網の目」、つまり彼らを取り巻く「世界」だったのです。彼らは、関係の網の目のなかに生きていることを十分に自覚しており、それらを自分の財産として生かす術を知っているのです。

このように考えると、「持ってる」が、特別な世界に住む人の特別な資質、あるいは単発の好運ではないことがおわかりいただけるでしょう。ところが、「持ってる」という言葉が流行ると、その言葉を使うことで満足してしまう。例えば、何か素晴らしい成果を挙げた人を指して、「あの人は、持ってるよね」で、思考を停止させてしまう人が多いのも事実でしょう。

しかし、「持ってる人」の正体が明らかになったいま、私たちに求められるのは、関係の網の目の大切さを噛みしめて、味わうことではないでしょうか。そして、「持ってる人」に一歩でも近づくこと。本書を通じて、一人でも多くの読者が、自分は「持ってるな」と思える瞬間に出合うことを心から願っています。

最後になりましたが、改めてお世話になった幻冬舎第一編集局の袖山満一子氏、ライターのタカザワケンジ氏をはじめ、本書の出版に関わっていただいたすべての関係者の皆さんに心より感謝いたします。機会をいただき、「〝持ってる人〟が持ってるもの」を追究するプロセスは、私にとってとても貴重な経験になりました。

二〇一一年五月

小笹芳央

参考文献

『未来をかえる イチロー262のNextメッセージ』「未来をかえるイチロー262のNextメッセージ」編集委員会・2007年・ぴあ／『最高の涙 宮里藍との一四〇六日』安藤幸代・2009年・幻冬舎／『勇気がもらえる145の言葉 トップアスリート22人はそのとき……』テレビ朝日「Get Sports」・2010年・講談社／『いつまでもデブと思うなよ』岡田斗司夫・2007年・新潮社／『察知力』中村俊輔・2008年・幻冬舎新書／『夢をかなえるサッカーノート』中村俊輔・2009年・文藝春秋／「週刊ベースボール」2010年11月29日号・ベースボール・マガジン社／スポニチアネックス 2010年6月15日掲載、2010年11月4日掲載、2011年2月20日掲載／日経ビジネスオンライン 2010年11月30日掲載／日本経済新聞 電子版 2011年1月11日掲載／日本経済新聞 2011年2月21日掲載／ゴルフダイジェスト・オンライン 2009マスターズ特集・2009年4月8日〜4月12日掲載／WoWiKorea 2008年7月31日掲載／東京新聞 TOKYO Web 2010年2月26日掲載、2010年3月2日掲載

著者略歴

小笹芳央《おざさよしひさ》

一九六一年大阪府生まれ。

早稲田大学政治経済学部卒業後、㈱リクルート勤務を経て、二〇〇〇年に㈱リンクアンドモチベーションを設立し代表取締役社長に就任。モチベーションにフォーカスした企業変革コンサルティングによって同社は急成長中。

同社独自の技術「モチベーションエンジニアリング」は数々の企業を変革に導き、大きな注目を浴びている。

著書に『会社の品格』『自分は評価されていないと思ったら読む本』（ともに幻冬舎）、『モチベーション・リーダーシップ』『変化を生み出すモチベーション・マネジメント』（ともにＰＨＰ研究所）、『「できる社員」になる！』（実業之日本社）他多数。

ＴＶ出演、講演会などでも活躍。

幻冬舎新書 214

「持ってる人」が持っている共通点

あの人はなぜ奇跡を何度も起こせるのか

二〇一一年五月三十日 第一刷発行

著者 小笹芳央

発行人 見城 徹
編集人 志儀保博
発行所 株式会社 幻冬舎
〒一五一-〇〇五一 東京都渋谷区千駄ヶ谷四-九-七
電話 〇三-五四一一-六二一一(編集)
〇三-五四一一-六二二二(営業)
振替 〇〇一二〇-八-七六七六四三
ブックデザイン 鈴木成一デザイン室
印刷・製本所 中央精版印刷株式会社

Printed in Japan ISBN978-4-344-98215-4 C0295
お-3-2
幻冬舎ホームページアドレス http://www.gentosha.co.jp/
*この本に関するご意見・ご感想をメールでお寄せいただく場合は、comment@gentosha.co.jpまで。

岡田彰布
動くが負け
0勝144敗から考える監督論

決して自分から先には仕掛けず、相手の作戦を察知してから采配を振るう。勝つためには常に最悪の展開を想定し、「完璧な準備」をしておけばいい。マイナス思考でプラスの結果を引き出す、究極の戦術。

平井伯昌
見抜く力
夢を叶えるコーチング

成功への指導法はひとつではない。北島康介と中村礼子の人間性を見抜き、それぞれ異なるアプローチで五輪メダリストへと導いた著者が、ビジネスにも通じる人の見抜き方、伸ばし方を指南する。

江上剛
会社を辞めるのは怖くない

会社は平気で社員を放り出すし、あなたがいなくても企業は続いていく……。だったら、思い切って会社を辞め、新しい一歩を踏み出してみては？　今すぐ始められる、その準備と心構え。

本田直之
レバレッジ時間術
ノーリスク・ハイリターンの成功原則

「忙しく働いているのに成果が上がらない人」から「ゆとりがあって結果も残す人」へ。スケジューリング、ToDoリスト、睡眠、隙間時間etc.最小の努力で最大の成果を上げる「時間投資」のノウハウ。

幻冬舎新書

山名宏和
アイデアを盗む技術

オリジナルの発想などない。積極的に他人の思考を盗めばいい。企画会議、電車内の会話、テレビ……この世は他人の発想で溢れている。人気放送作家がアイデアを枯渇させない発想術を伝授！

平林亮子
お金が貯まる5つの習慣
節約・投資・教育・計算そして感謝

「タバコを吸わない」「宝くじを買わない」「食事はワリカンにせずオゴル」「いつもニコニコする」など、公認会計士として多くの金持ちと付き合う著者が間近で見て体得した、お金操縦法を伝授！

桜井章一
ツキの正体
運を引き寄せる技術

ツキは、突然湧いてくると思われがちだが、実は必ず人を選んでいる。麻雀の世界で二十年間無敗の伝説を持つ著者が、場の空気の変化を敏感にとらえ、運の流れを見抜く方法をわかりやすく伝授。

門倉貴史
本当は嘘つきな統計数字

なぜ日本人のセックス回数は世界最下位なのか？　協力者の選び方次第で結果が正反対になる世論調査、初めに結論ありきで試算される経済統計等々、統計数字にひそむ嘘を即座に見抜けるようになる一冊。